都会暮らしから始める

道草料理術

大海勝子

晶文社

装丁／鈴木千佳子
編集協力／加藤摩耶子

取材協力
シミック八ヶ岳薬用植物園
（ノカンゾウ・ヤブカンゾウ）
tel：0551-36-4200

はじめに

道草生活は自然とのふれあい

「自然とのふれあいは、収穫だ！」と、私の次女は豪語します。子供時代、道草大好きだった彼女は、勉強はともかく虫捕り・釣り・摘み草など、収穫をともなう自然遊びの達人でした。母親になった今もそれは変わらない。虫好きの幼い息子と昆虫観察会に行くと、子供の網を取り上げ、自分が夢中になるのでした。彼女は見聞きより実践第一主義なのです。

さっそく話の道草ですが、群馬昆虫の森では昆虫網が用意してあり、まず自分で虫を捕らせます。個体を触って特徴を直接知るために。蝶の鱗粉《りんぷん》のにおいを嗅ぎ、羽根の裏表や雄雌の違いを確かめ、それから放します。見つけた！　捕った！　という感動。乱暴に扱って思わず死なせると子供は深く後悔し、心を痛めます。「その体験が大切だ。それの積み重ねで子供は成長する」が、館長矢島稔先生の信念だそうです。

フィールドワークで命を感じる大切さは、道草生活の植物も同じです。本書は四〇余年続く、道草生活相棒の主人と私が出会った、「雑草・雑木と人々の物語」です。

次女は縄文教育のエキスパート。山の雑木林でコシアブラの芽を摘み、三歳の孫娘に見せ、これを採るよう指示。林の中は似た樹や芽が多く、彼女の目は真剣で、自分の背で届く低い樹を探します。やっと芽を見つけ、「ヤッター!」と叫ぶ。小さな指先でしっかりポキッと折って袋に入れました。少し目が慣れると、見極めができて摘むのが速い。その収穫の姿は人間本来の本能そのものです。夕食分が採れると、母親がストップをかけます。「自分で探し出して摘んだ味」は、孫娘にとって特別美味しい天ぷらになりました。

成長した次女の息子は魚を釣ると「これ食べられる? 美味しい? 珍しい?」と、好奇心いっぱいで私の相棒に必ず聞きます。これも本能。孫娘はドングリやきれいな木の葉集めが好きで、夕焼け空に歓声を上げる子になりました。なんでも良いのです。ときにはスマホを手離し外に出て、自然の声を聴いてみませんか。

日本人ほど四季を感じ、愛する国民はいません。植物や虫の声、渡り鳥の飛来など自然の変化に目印を見つけ、季節の移ろいを感じるのです。俳句に季語があり、私たちは詩歌や歌に季節の風景を想い、自然に心が安らぎます。日本人独自のメリハリある季節感は、桜、紅葉、木の芽までさまざま。しかし、「植物の旬は一週間」と短い。だから、その最盛期を五感で意識するため感覚は研ぎ澄まされたと私は思うのです。桜は目立つけれど、地に咲く雑草の旬も同じ一週間。植物仲間の絆は固く、みんないっせいに華やかに咲き、潔く枯れ散って消え去ります。自分の本分〈次の世代を残す〉を果たすと、見事に次の植物に代を譲るのです。忙しさにかまけて、それを意識しないと「あ、紅葉の見頃を逃した」と残念なことに。

日本人は昔から季節外れに咲く花を見ると「狂い咲き」と呼び、天変地異か!? と怯えました。私は日本人を「季節時計を持つ、繊細で感性豊かな民族だ」と誇りに思います。「道草予報士」と言ってもいいでしょう。相棒と私は立春から天気図や気候、気温・地温・雪解けの様子を見て、過去のデータから、道草出現日を予想します。確かに近頃は異常気象続きで、予報は難しい状態です。道草の「今でしょ!」に出会うには、予想日以前から山を見回りに歩きます。最盛期は始まりから数日と本当に短く、その分初めて見つけた感激、摘む喜びは格別です。道草生活では予想の当たり外れという自然界でのギャンブルに、スリルを味わえます。

近年は野菜類の品種改良が進み、輸入品も増え、日常使う野菜・果物等が店に一年中並ぶ時代になりました。便利と引き換えに、「初もの」の贅沢感、旬を待つワクワク感、それが去る寂しさもなくなりました。日々の食卓で季節感が薄らぎ、野菜の旬を知らない子供も増えた気がしますが、日本人として残念なことです。

今の時代、野菜本来の濃密な味と高い香りを楽しみ、季節を感じるためには、身近にある野生の道草を食べるのがおすすめです。その季節限定の美味しい料理に挑戦してみましょう。

都心近郊・郊外では、普段着の道草生活、つまり、ちょっと気分転換に都会の自然で宝探しが楽しめます。私の好きな近郊の道草コースは二つ、電車で三〇分圏内、散歩気分でお気軽に行けます。

いち押しの多摩川は、身近で開放された都会の自然の宝庫です。野草だけでなく、虫、野鳥の種類も多く、相棒は珍しいヤマセミも見ました。近年は水がきれいになり、初夏には大量の鮎《あゆ》が遡上するのを孫と見に行きました。河川敷や土手には、からし菜・ツクシ・ノビル・ヨモギなど、ほとんどの野草が生えて、家族がのんびり摘み草を楽しめます。ニセアカシアの林や桑の木があり、花も実も摘めます。きらきら光る春の多摩川に生える新緑のクレソンの群生は息を呑むほどの美しさ。ここは伏流水も湧き、清潔で安全な流れです。幼い孫を遊ばせた、思いでの川辺には野セリも育っていました。私の住む武蔵野エリアは都会の里山。近くの柳瀬川《やなせがわ》はミニ多摩川で自然豊かです。

孫が小学二年生の時、校庭で「春を探そう」という道徳の授業がありました。つくし、シロツメクサ、桜の枝、冬眠から覚めたカエルを提出する子もいます。孫は茎の伸びたフキノトウを見つけました。夕食の茎の甘辛煮は、「少し苦いけど食べられたよ」と言っていた。

東久留米市を流れる落合川は豊富な湧水が源。夏は泳ぐ子供たちで混み合うほど水が澄んだ流れで、小魚、ザリガニもいて、ここが東京？　と驚く光景です。美しい川にはカワセミが飛び、カルガモ親子が泳ぎ、川辺の緑地には野草がいっぱい。古い農家が多く、採りたて露地野菜の露店がある。農家のおばさんと顔を合わせると、畑と野菜の世間話が始まります。武蔵野の雑木林や竹林公園、夏は湧水で遊ぶのも魅力。季節の風や陽ざしを感じながら、ゆったりと丁寧に眺め歩くのが、道草等と出会うコツのような気がします。

私は、季節を訪ねて日帰りの小さな旅に出ます。初冬になると、冬の保存食作りの材料を求め郊外へ車で出かけます。自宅から小一時間走ると秩父連山が見え始め、見渡す限りの田園地帯が広がりました。まずは花園の道の駅へ。ここは都会の中高年客が多く、出遅れると良い品がなくなるけど、季節の道草は豊富。初冬はキクイモ、剥きクルミ、柚子、球つきノビルなど。少し前はムカゴもありました。全品下処理が済んで汚れがなく、そのまま料理に使えて有難い限りです。

買い物を済ませて川本町に向かい、今年の白鳥の飛来地を探します。鳥インフルエンザの影響で餌《えさ》やりが少なくなり、荒川の白鳥の住み処は毎年移動します。川沿いはニセアカシアの林が続き、真夏はヤブカンゾウの花々が鮮やかでした。近くの古墳公園には杏仁子《あんにんご》の樹が何本もあって晩夏に赤く熟れた実を摘めます。このあたりは二〇年以上前とあまり変化がありません。冬休みに年少の孫たちを預かると、このコースに小川町のユネスコ文化遺産の紙漉き、和凧作り体験が加わって、帰りはお土産付きの小さな旅が終わります。
孫の世代が大人になっても、道草生活を続けられる自然が残っていますように。

目次

第2章 ちょっとそこまでお出かけついでに 楽しめる都心近郊 ～郊外の道草生活

レシピ

第3章　本格的な野山で実践する道草生活

レシピ

山菜の簡単な扱い方（ワサビの葉の辛味の出し方）◆ワサビの辛味蕎麦◆コシアブラのチャーハン◆山菜のペペロンチーノパスタ（コゴミ・ワラビ・コシアブラ）◆コゴミの新玉ネギおろしドレッシング和え◆ワラビのポークソテークロアチア風◆行者ニンニク入りフォー◆マタタビの塩漬けと鮭のおにぎり

第4章 山暮らしの冬生活

第1章
都会暮らしでも楽しめる道草生活

都心の散歩道と道草料理の楽しみ

ある初冬の休日、私と長女は前から約束の日本橋に出かけた。娘の勤務先、私には子供時代ちょっとオシャレして出かけたデパートもある思い出の地だ。都電は消え、高速が橋の上を通り、ビル街に変わったが、流れる空気は昔と同じ気品があった。

「いつもみんな急ぎ足だけど、休日は違うね。オフィスが近いのに仕事が忙しくて、私ここ来るの初めて」と、娘はデパート内をキョロキョロ。子育て世代で、仕事場と自宅の往復だけの彼女は、街を眺め、「今はクリスマスのディスプレイ。少し前は紅葉だったよ。人工だけどこれで季節に気づくの」だそうだ。

少し疲れて電車に乗り、四谷で降りた。半世紀前、私の通勤路だった土手道は草刈りが済んで新しいノビルが顔を出す。桜並木は当時より太くなり、満開の頃は見事だろう。今、同じ風景を見ている娘も「あぁ同じ東京なのに、ここは日本橋と空気が違う。ちょっと動けば、こんなに自然があるんだ。昼休みに歩くと、気持ちいいだろうな」と言う。この近くが勤務先だった相棒の話では、このあたりから東宮御所までは除草剤を使わないから道草の宝庫で、ヨモギやツクシ、フキノトウとなんでも陽だまりいっぱいに出るそうだ。坂を下った清水谷公園は昔より整備され、なんだか人口的な感じだが紅葉は真っ盛り。娘は大感激してスマホで子供たちに写真を送り、はしゃいでいる。

赤坂の弁慶堀脇を歩き迎賓館に着くと、なんとラッキー！　開館日だ。手荷物チェックをされ中に入ると、想像以上の荘厳な美しさだった。「凄いね。東京の散歩って文化的建物とビル、キチンと整備された処とそれに負けない自然が同居している。一歩出れば、違う世界があるんだね。余裕がないから今まで気づかなかった。そういう目で見ないから、都心は自然が無いと決めつけていたかも。歩くだけでも、なんかすごく得した感じ」。

帰りの電車で、「そういえば会社の友達に、休日は公園やお台場の海まで自転車で走る子いたな。リュック一つで、緑や自然探しに行くって」と娘がつぶやいた。私も写生会で古い公園によく行く。浜離宮や清澄庭園、日比谷公園には主役の梅や桜や菜の花の他、土のある場所は必ず季節の野草がいっぱい生えていた。仲間に「これ食べられるよ」と言うと、さぁ大変。次々に「これ何？」と質問攻めにあう。全部を知っているわけではないので、「ごめん、博士じゃないんだ」と誤魔化すしかない。みな気づかなかっただけで、地味な野草にも興味深々なのだ。

湯島あたりは東大構内が近くの住人の散歩場所で、私も三四郎池の周りをよく歩いた。ある教授夫人が「東大の銀杏は美味しいから、ぜひ拾いに行くべきよ」と強くすすめていたが、彼女電車の中どうしたのだろう。すごいにおいだったはず。相当な迷惑だ。

「東京は古い大名屋敷跡の庭園が多く、そこに土が残っている」というのが相棒の説である。

「摘んで、食べる」の行為は古代から人間本来の姿だが、近年はそれが難しくなった。旅人がうっかり山里の山菜を採ると、不法侵入、窃盗にされる。その代り、地方や郊外の道の駅、都会ではデパ地下やスーパーで季節の天然山の幸が手軽に入手できる。昔のデパ地下の山菜は高値だった。ある時、上京した新潟の知り合いをそこへ案内した。「ぎぇっ、東京ではつくしが千円もするんか！　じゃあ、オラの山は宝の山だ！」と喜んで躍り上がった。当時は私自身も、こんな高い山菜、誰が買うのかなと不思議だった。後年、都心に住む働き盛りの女性たちと知り合い、謎がとける。「私たちね、春になるとデパ地下でフキノトウ買うの。葉を一枚一枚丁寧に開いていくと、ふぁっと香りが立ち上って、あぁ春だなって。忙しい私たちには本当に贅沢で優雅な時間。それを刻んで味噌汁に入れたり、少しだけどフキ味噌にしたり。苦みも香りも全部、春の味なのよ」と言ったのだ。相棒と私も近年、山菜等は新潟の道の駅まで、旅を楽しみ買い出しに行く。ただし、しっかり鑑定、良いものを選ぶ。汚れがないから、当日に簡単料理なら作れる。収穫は嬉しいが、下処理に疲れ、後悔した日が何度あったことか。良い時代になった。

相棒と私は子供時代に摘み草経験や山菜野草料理としていた経験がほとんど無い。二人とも元は素人だ。四〇年前、私は当時まだ日本にないハーブ栽培をし、図鑑と香りを頼りに子供達の人気料理に挑戦した。バジル香唐揚げやセージ香コロッケ、ディルのサラダ巻き。海外に行けない私は意地でも本場の料理に仕上げるのは嫌だった。子供達としては、ヒット作もあるけど被害もあったそうだが。今ではハーブはオシャレ感が売りだが、本当は「西洋野草」だと思う。現在ミントやセージは野生化して立派な日本の道草だ。

私は東京で季節の道草料理教室を開き、摘んだ天然野草料理を提供する。そこでは道草話も盛り上がる。都会人の多くは地方出身者が多く、野草には思い出がある。たとえばワラビ、幼い頃祖母と摘んだ話、故郷の風景や人々、母の料理等々、自分の持つワラビ話を熱く語り出す。他の人も地方の料理に好奇心いっぱいだ。初心者も懸命にメモをとる。

都会の道草料理は季節の気づきだけでなく、野草との出会いで昔の自分や忘れかけた思い出に巡り会える魔法の力があるかもしれない。誰でもいつでも感動する心があれば、道草料理は自由に楽しく始まるのだ。

スベリヒユ

ハルジオン

桜

日本人の心の花

人々は桜の開花を指折り待つ。桜は入学、入社式など人生の節目に咲く特別な花だ。よちよち歩きだった孫が満開の桜のトンネルで、風に舞い散る花びらに両手をひろげ、「わぁ〜」と、感嘆の声をあげた。桜は日本人の心の花だ。「さまざまなこと思い出す桜かな」。孫の人生にこれから何度思い出の桜が咲くのだろう。

私が若い頃、冬の日本海旅の途中、新潟県村上市外れの小さな喫茶店で「桜アイス」なるものを見つけ注文した。桜葉の塩漬けの刻みを混ぜ込んだバニラアイスは、口に入れると華やかに桜の世界が広がった。小雪降る窓から見える並木は桜だろう。桜アイスは青空に満開の花を想像させた。このとき、桜味の雰囲気は葉が古漬けになって生まれる香りだと確信した。

若い頃には餡嫌いな子供たちのために、夜、近くの公園で八重桜の若葉や咲きかけの花を摘んで塩漬けにし、餡なし桜餅を作った。漬け上がりは初夏でいつも桜の季節は終わっていた。

武田信玄の地元の小さな集落の外れには、無名だが趣がある古木の桜が咲く。前の家から村人が数人出てきて私に話しかけた。

「畑が忙しくて、やっと花見に実家に帰れたよ」

古木の幹の大穴が黒く焦げているのを見つけ、私が訳を訊くと、「あれはねぇ、終戦の食べ物がない頃、穴に蜂が巣を作ってね、みんなで蜂の子採るのに焼いちゃったの。私が七歳、姉が九歳の頃よ。大切な木とは知らないもん」と笑いながら答えた。

「今年もまた桜が見られたねぇ。桜も年とったけど、咲いてくれたねぇ」

桜の下で村人たちが語り合う。村人たちを見守り続ける、村の主の桜の老木だ。

サクラ（桜）
バラ科

日本の春の代名詞。葉も花も食用できる。関東では三月末〜四月に開花しその後北上する。

ヨモギ

懐かしい摘み草の思い出

ヨモギの香りに懐かしさを憶える人は多い。それは、幼い頃、草餅食べたさに家族で春の野辺に座って、懸命に摘んだ楽しい思い出からだろう。我が家も昔、草餅作りは毎年春の一大行事だった。

ヨモギは近所の道端や公園の端っこ、土手などどこにでもあったが、草摘みイベントには舞台が大切。都心から一時間弱なのに春の里山風景が堪能できる飯能《はんのう》の休耕田に、ママ友家族を誘って出かけた。彼女とは、手のかかる料理はなんでも一緒に協力して大量に作る仲だ。一面の蓬野原を見て「すごくキレイなヨモギだわ。こんなにあれば、草餅が山ほど作れるじゃない！」と大興奮した。ヨモギを摘む手際の良さは抜群だ。

翌日は草餅作り。私は「餅っこ」で餅をつき、その間に子供たちに手伝わせて茹《ゆ》でて刻んだヨモギをすりこぎで潰させる。餅をすり鉢に入れて突くと、少しずつ緑色になり、香りが立ってくる。子供たちはできたての温かい餅を自分の手で丸め、きなこやあんで食べるのが好きだった。

今では孫たちが絵本で知ったらしく「草餅を作って！」と山小屋の庭でヨモギを摘んでくる。簡単なヨモギ白玉団子を作ったら大喜びした。

お隣の韓国では、ヨモギは生葉の場合、春一番の小さな若芽しか食べないそうだ。若芽に緑豆の粉をまぶし、アサリの味噌汁に散らすのだという。

「これを飲むと、あぁ春が来たんだ、としみじみ嬉しくなるのよ。韓国の早春の味なの」と、友人は遠くを懐かしむ目をして言った。

一方、沖縄では、ヨモギは「フーチバー」と呼ぶ。沖縄返還の際、私の相棒は現地でヨモギ雑炊を食べたそうだ。ヨモギは草餅が定番の時代、料理として使うのは斬新だった。

沖縄では、ヨモギは炊きこみご飯や味噌汁にと大胆に生葉をたっぷり使う。沖縄の友人は「すごく暑いから、このくらい強烈な味で丁度いいのよ」と胸をはるのだった。

ヨモギ
キク科　多年草

餅菓子のほか料理にも合い汎用性が高い。春先のものがやわらかく冷凍保存も可能。

ハルジオン

嫌われ者の美味しい素顔

ハルジオンとの付き合いは、ひょんな事から始まった。

当時、野生の食草に感心があった私は、蕎麦《そば》打ちの友人に、「何か美味しい野草を知らない？」と訊いてみた。彼女は食通である。

「春の草だけど、ハルジオンは美味しい。天ぷらは店で喜ばれるの。ガクにほんのり蜜を感じてね。私、年上の友達が多いの。その世代は疎開先や戦後の食糧難で、いろいろ食べたらしい。今はその頃の味が懐かしいって、見かけると食べるそうよ」とのこと。数日後、彼女は季節外れに咲いたハルジオンの天ぷらを届けてくれた。食べてみると、聞いた味と違う。「あれ、変だな。味も香りもない。狂い咲きって蜜の甘味がないんだ」と、彼女も首をかしげていた。

これは、ハルジオンのそっくりさんの「ヒメジョオン」だったのでは？　と私は疑っている。ハルジオンは春、ヒメジョオンは初夏から秋まで咲く。花は、前者は薄桃色、後者は白と微妙に違うが、形はそっくりで可憐である。が、食べると食感や味と香りは格段の差がある。

果たして翌年、私は庭先のハルジオンに挑戦した。

俯いていまだ咲かないつぼみの茎を、爪が入るやわらかな部分だけ摘む。さっと茹《ゆ》でて水にさらすと、春菊に似た優しい菊の香りがする。コクが合うに違いないと直感し、ゴママヨネーズ和《あ》えにした。結果は想像以上の美味しさである。濃い爽やかさは春菊を超える。天ぷらにせず茹でたせいか、蜜より緑の風味が際立っていた。

「ハルジオンって美味しいよ」

友人たちに言うと、「えぇっ、貧乏草食べるの？」と驚かれる。昔、農家だった家のご主人は、庭にハルジオンが出ると貧乏になると言って、片っ端から抜くそうだ。

言い伝えの理由は、繁殖力が強く、畑に入ると作物が生育しないことからだとか。強い外来種は飢饉《ききん》のような緊急時以外嫌われ者だ。ハルジオンという美しい響きは、ユーミンの歌にもなっているのだが。

ハルジオン
キク科　多年草

「貧乏草」の名でおなじみの花。濃い味わいは野生の春菊そのもの。少し遅れて咲く花はヒメジョオンで別種。

スベリヒユ

畑の邪魔者はオシャレなハーブ

スベリヒユは、日当たりが良ければどこでもたくましく生える。畑やベランダの小さな鉢植えに、庭の煉瓦《レンガ》を敷き詰めた隙間に、毎年初夏には忘れずやって来る。律儀で強い草だ。

そんなスベリヒユを私が食草と知ったのは、『西洋野菜図鑑』の翻訳と細密画からだ。

「あれ？　この草はよく見るあの雑草？」と相棒に問いかけると、

「俺はヨーロッパで葉先だけ散らしたサラダを食べたぞ。日本と同じ仲間だけど、ヨーロッパは立ち上がって生える〝タチスベリヒユ〟。日本のは地面に這《は》って伸びていくんだ。西洋各地では野菜としていろんな料理に人気だけど、そういえば日本は誰も食べないな」。

以後、私の中でスベリヒユの地位は急上昇、オシャレ（？）な西洋野菜として、オリーブオイル炒めやサラダ、欧風料理を楽しむようになった。茹《ゆ》でると少しぬめりが出て食べやすく、とても美味だ。けれど人に勧めても、「ふぅん、食べられるんだ」と、無反応だ。

そんなある日、畑で「あっ！　〝ひょう〟採ってるんだ。美味しいよね」と声をかけられ、顔をあげると友人の義妹だった。

「私、山形出身だけど、それ、ひょうと呼んで昔から食べている。母は辛子醤油で和えて鰹節かけるの」

山形では「干しひょう」もあってお正月に食べるそうだ。何故に山形で？　と調べると、天明飢饉（一七八二～八八年）まで多くの餓死者が出た米沢藩主の上杉鷹山《ようざん》が、食可能な強い山野草の調理法や保存法などを『かてもの』という本に纏《まと》めたものに行きあたった。鷹山は藩をあげてスベリヒユなどの栽培を推し進め、干して飢饉に備えた。結果三〇年後の天保飢饉では一人の死者も出さなかった。その伝統を受け継いだのだろう。

江戸時代には野菜として栽培され多くの命を救ったが、その旺盛な繁殖力が裏目に出てしまい、今農家では邪魔者だ。もったいない。

スベリヒユ
スベリヒユ科　一年草

日差しに強く開けた場所ならどこででも繁茂する。生長してもやわらかく食べやすい。欧州では生を食す。

タンポポ

春を感じる苦み

春になれば、道路の片隅や空き地、川べりなど、全国各地で見られる黄色い小花・タンポポは、都会で春を感じる道草の代表と言ってもいい。

八ヶ岳でも、五月の連休の頃にはどの草原も黄色いタンポポの花の絨毯《じゅうたん》で覆われる。幼い孫娘は懸命に花を摘んでは花束にし、嬉しそうに母親に渡す。母親は、昔自分の姉が編んでいたレンゲの花環を思い出しながら、子供が差し出したタンポポで腕輪を編む。孫息子たちは綿毛を飛ばして遊ぶ。

タンポポは、日本人誰にとっても花を摘み綿毛を吹いた、幼い春の思い出の象徴だ。

我が家にとって、タンポポは長らく摘み花ではあっても食べる対象ではなかった。食用と知っても、あの苦味にうま味を感じなかったからだ。唯一の料理は天ぷらだ。葉の苦みをやわらげるタマネギと、昼咲く摘みたての花をガク下で切って混ぜ、かき揚げにする。

葉の苦味は、種類や季節によりかなり差がある。韓国の友人たちは、春のタンポポは苦味とアクが強いので秋に食べる、と言う。葉を茹《ゆ》でてさらしナムルやキムチにするが、苦み好きの人は茹でずに生で作るそうだ。確かに日本も秋の葉は苦味が薄いが、タンポポの季節は春！　と私はこだわっている。植物で季節を感じるのは日本人の特性かもしれない。

しかし、所変われば植物も変わる。秋のクロアチアはどの空き地にもタンポポが咲いている。親友のムラデンは、

「この葉をサラダにすると美味しいんだよね。ポパイのように元気モリモリになるんだ」

と言う。私もかじってみると、まったく苦味がない！　ゴマ風味のないルッコラのようで、爽やかでたくましい味。葉もやわらかだ。これならサラダでいくらでも食べられる。姿も日本より大ぶりで、花も葉もしっかりしている。以前、西洋の翻訳本で「タンポポサラダ」を見たが、日本のものでは味が違うだろう。

クロアチアの草原は一一月には綿毛でいっぱいになる。伸びた茎の高さは三〇センチほどで、壮観な景色だ。

タンポポ
キク科　多年草

都会でも見つけられる道草の代表。種類にかかわらず、花も葉も根も食せる。根は苦みが少ない。

ツクシ

見た目と違う大人の味わい

東

久留米に住む友人の畑は、春になるとツクシでいっぱいになる。

産後、早々に仕事復帰した娘に託された幼い孫を自転車に乗せ、昔子供たちを遊ばせた思い出の畑によく遊びに出かけた。暖かな陽だまりにツクシを見つけると、孫は目を輝かせて夢中になって摘みだした。

「まぁ、楽しそう！　お願い、たくさん摘んでってね。ツクシがスギナになっちゃうと、おばちゃん草むしりが大変なの」

友人が微笑んだ。孫は笑顔で次々とツクシに小さな手を伸ばす。

私も小学生の頃、浦和競馬場で同級生とツクシを摘み始めたら楽しくて止まらなくなった思い出がある。当時、そこは馬の親子が遊ぶのどかな草原だった。友人はお婆ちゃんからツクシは食べられる、と聞いていた。「じゃあ、いっぱい摘んで晩ごはんにしよう！」と意気込んで摘んだはいいが、意気揚々と家に持ち帰ると意外な試練が待っていた。

「え、ツクシ採ってきたの？　じゃ節の所のハカマを全部取ってね。卵とじを作るから」

母から面倒なハカマ取りを命じられたのだ。意地でやり終えると、指と爪先はアクで真っ黒になりヘトヘトだ。しかも苦労は報われず、卵とじは見た目も味もイマイチ。摘むのは最高に楽しかったのに。


大人になって再びツクシを食した。湯がいて水にさらすと、シャキシャキの食感で、味は淡白でほろ苦さを感じる。下処理して柚子《ゆず》コショウに漬けたり、「アリオリほろ苦パスタ」にしたりすると見た目はまさに春の風物詩だが、可愛い姿と違って子供の味ではない。


秋、クロアチアの山道で、高さ一メートルほどの一本立ちのスギナのお化けを見た。日本のように群生はせず点在して生えている。

「これがツクシのときは一五センチくらいだけど、この地方では食べないよ」と、きのこ仲間が言った。日本では初夏になればスギナは消えるが、ここのツクシの季節はいつだろう。

私は日本の春にちょこんと顔を出す、可愛いツクシを懐かしく思い出した。

ツクシ
トクサ科　多年草

「スギナ」の胞子茎。成長しきらない内に収穫する。はかま取りが手間だが、春の趣を楽しみ気長に取り組もう。

ノビル

最も古い摘み草の記憶

冬の終わり、陽だまりの道路脇に、細い薄緑色のノビルを見つけた。

都心に住む友人が、自宅近くの公園や道端にノビルが生えているよと、嬉しそうにはしゃぐ。都会で、春の訪れに気がつき、実際に摘める数少ない野草がノビルである。

私の採集場所は、もっぱら川淵や土手だ。日当たりが良く水気が多い土はスコップが深く入り、茎が太いものは球根まで掘り出せる。ただ、慎重に掘らないと途中で切れたり、球根を傷つけたりする。群生した株は球が小さく、葉だけ束ねて切る。

韓国の友人たちと野草料理交流をしていた時のこと。韓国の野草で一番人気はノビルで、ひげ根まで食べると聞いた。彼女たちは、ネギ族に強い。生で和えものに、唐辛子醤油漬けは保存食に。他にも卵焼きやキムチなど多様に使う。球根と葉を使うチヂミは、部位の個性が際立って深い味わいだ。ノビルが全身で奏でる野生の力強い味と香りは、春の到来を確かに告げる。

ノビル文化の広がりを感じたのは、クロアチアでのベジタリアン一家との出会いだった。家の畑はハーブでなくノビルや野草が栽培され、ジェノバペーストならぬ「ノビルペースト」を、自家製の豆腐にかけてご馳走してくれた。ヨーロッパでは今、日本の野草・山菜がベジタリアンを中心に広がって、みんなで試行錯誤中だと聞く。ぜひとも道草料理を紹介してあげたいのだが、残念、語学不足。

以前、春の皇室番組をテレビで見た。皇居を散策中の平成天皇陛下が足を止め、ノビルを摘まれる場面があった。そのかたわらで皇后陛下が、

「あら、摘むのが止まらなくなられたわ。今日はノビルのぬたを作りましょう」

と、微笑みながらおっしゃる。

『古事記』には応神天皇の歌で「いざ子ども 野蒜《のびる》摘みに 蒜摘みに」とある。

古来から、日本人には摘み草文化が根付いていたに違いない。

ノビル
ユリ科　多年草

春に空地や道端で見つけられ、店頭でも手に入る。扱いが楽なので道草料理初心者にもおすすめ。

ヤマボウシ

白い目立つ花　赤く愛らしい実

私たちが「きのこ師匠」と呼ぶ方が持つ松茸山入口に、赤く丸い鈴なりに実をつけた木が枝を大きく広げて生えている。手を伸ばすと、実は柄ごとポロリと枝から外れた。

「おぉ、ヤマボウシの実だ。食ってみろ。俺たちが子供の頃は大事なおやつだったんだ。甘くてうめぇぞ」

丸ごと口に入れると、ねっとりとした食感にイチジクに似た淡い甘さがある。果肉は黄色でやわらかく小さな種がいくつか口に触る。ちょっと拍子抜けする、何か物足りない味。八ヶ岳原村生まれの師匠は、昭和初期に子供時代を過ごした。当時は嬉しい甘さだったのだろう。木に一面に生《な》った赤くてかわいい実は、子供心に胸躍る魅力的な存在だったに違いない。

私は孫たちに、まず生の実を食べさせてみた。可愛い形に期待していたのか、「ん？　なんかパッとしない味だね」と言う。それから師匠の子供時代の話をした。

今度は実をジャムにからめて甘くし、パンケーキに添えると、今風のオシャレなおやつになった。孫たちは大喜びだが、私は古き時代に思いをはせた。

初夏になるとヤマボウシの木は、真っ白な目立つ花で一面が覆われる。この壮観な姿で、かなり遠くからでも木を見つけることができる。

出会いは八ヶ岳だったが、気づくと武蔵野の雑木林や都市の公園、近郊の秩父や箱根の山など、どこでも見かけた。近年は都心のフラワーセンターでも賞用庭木として苗が売られている。都会人には派手な見た目が人気らしい。

秋には一度に採りきれないほどたくさんの実がつくが、触るとポロッと柄ごと外れる完熟まで待つことが大切。赤いからと未熟果に手を出すと、まずくて後悔する。街路樹のヤマボウシは食用と知る人が少ないからか、熟れた実が木の下一面に落ちていた。

ヤマボウシの名前の由来は、初夏に満開に咲く白い花が僧侶の衣に似ていたためとか、実をお坊さんの頭に見立てたとか諸説あるが、漢字で書けば「山法師」というイメージぴったりの愛嬌ある木である。仲間にハナミズキ（アメリカヤマボウシ）がある。

ヤマボウシ
ミズキ科　落葉高木

秋、紅葉しかけた木に深紅の実をつける。甘くねっとりした味わいで、生で菓子やお酒としてもおいしい。

桑

道草料理のきっかけをくれたベリー

以前刊行した『道草料理入門』（文化出版局）をまとめるきっかけは、編集者が発した「桑の実って、公園や空き地にいっぱいあるのに誰も摘まない。もったいないんじゃない？」という疑問からだった。

我が家のある東京東久留米市には、湧水を源とする落合川と黒目川が流れ、夏には清流で子供たちが水遊びする。川の上流の公園は、桑の群生地。川に落ちた実が下流の河川敷に流れ着いて育つので、両岸は桑の木がずっと続いて生えている。

初夏になると、公園の桑の大木に鈴なりの実が熟す。早朝、完熟した実を摘んでいると、ボランティアで公園を掃除するご老人が話かけてきた。

「桑の実は甘くて美味しいね。子供の頃に親から消化悪いから食べ過ぎるなって言われたな。約束破るとわかっちゃうんだ。口を開けると口中、舌まで紫色だもの」

懐かしそうに微笑んで、たくさん拾ってどうするのかと問われた。

「ジャムを作るの。そうだ、明日またここへ来られる？　持ってくるわ」

翌日、約束どおり出来たての黒紫色のジャムを渡した。

「嬉しいな。桑の実ジャムは初めてだ。早速トーストでいただくよ。ありがとう」

桑の歴史は古く、養蚕が盛んだった頃は蚕の餌《えさ》として植えられ重要な木だった。今はその名残で野生化した木が広がる。江戸時代から葉はお茶に、堅い木質は磨くと美しいので杖は最高級品だったとか。近年は道の駅で桑の実ジャムが売られ、郷愁を誘って人気がある。

話の道草だが、私の次女が小学生だった頃のこと。部屋を掃除に行くと、机の方からガサゴソと音がする。引出しを開けてみると中には一面に桑の葉が敷かれ、白い蚕がバリバリと葉を食べていた。繭《まゆ》もあって、白い糸が蜘蛛の巣のように張り巡らされている。「やられた！」と思わず声をあげた。

帰宅した娘を待ち受け、いったいどうしたのかと訊けば、毎日学校帰りに畑脇で桑の葉を摘み、蚕を育てていたらしい。皇后行事でもある養蚕の真似事はさぞ楽しかったろう。

桑
クワ科　落葉高木

かつての養蚕業の名残で広く分布しており道々で見かける植物。夏の果実は他のベリーと同様菓子に、葉はお茶に使える。

アカザ

滋味豊かな野生のホウレン草

アカザは幼い頃から、身近な雑草だった。真夏の太陽が輝く遊び場や道端には、雑草に混じって若葉の中心が赤紫の背高に伸びたアカザが必ず生えていたものだ。アカザの色は子供心に残る紅だったのだろう。

また、日本ではまだハーブが珍しかった四〇年ほど昔のこと、友人の広い畑に一〇〇種以上のハーブを育てていた。真夏の一日は草むしり大会で、友人とともに、腰まで伸びきった雑草を汗だくになって刈る。雑草の勢いに負けそうだ。この畑のアカザとシロザはたくましく、引き抜くのも重労働だし、鎌で刈るにも体力がいる。アカザが杖になることを納得し、この日ばかりは日頃の不精を悔やむが、懲りずに年中行事は続いた。

ある時アカザは食べられると聞き、挑戦したくなった。若葉を摘むと、葉裏は白い粉でザラザラしている。もみ洗いすると、水に白い粉が浮かんだ後きれいになる。茹《ゆ》でてゴマ油で和え、ナムルにした。

果たして味わいは、ホウレン草を一〇〇倍タフにした感じ。ポパイになった気分で、食べるごとに元気が出て、気力がみなぎる。まさに野生のホウレン草だ。美味しいとわかると、抜くのにためらいが出るから人っておかしいものだ。

何かの本には、アカザはその優れた栄養のために遥か昔から野菜として栽培されていた、とあった。特に江戸時代は盛んに畑で作り、干して飢饉食としても保存していたようだ。しかし、明治になるといろいろな西洋野菜が入り、アカザはすっかり格下げされて栽培されなくなる。現在では「昔の光、今いずこ」。畑の雑草として、すっかり嫌われ者になってしまった。

私は奥会津の田島・桧枝岐《ひのえまた》に友人が多い。彼女たちは地元に残る言い伝えや経験から、野草山菜に造詣が深い。飢饉への備えを万全にしていたこの地では今も、正月とお盆にアカザの和え物を行事として作るのだそうだ。こうして食の記憶を続けていくのが、いかにも律儀な会津藩領らしいと思う。

アカザ
アカザ科　一年草

空地や河原で容易に見つけられる。茹でて食すとタフなホウレン草に似た味を感じて楽しめる。

銀杏

最も身近な秋の味覚

自宅近くのアメリカ軍の通信所脇の道沿いには、古い大銀杏《おおいちょう》の並木が続く。毎年、金色の季節を迎えると、人々が集まり銀杏《ぎんなん》拾いが始まる。相棒と私もゴム手袋にトングとバケツを持って完全武装して出かける。

中にはツワモノがいて、軽トラックに踏み台をのせて木を叩いて銀杏を落とす係、落ちてきた実を熊手で集める係、バケツに入れる係、と役割分担して、三人で実に手際良く大量収穫していく。プロだなぁ。私たちは薄茶色のブヨブヨした実をバケツ一杯分拾うのが精いっぱい。あまりの臭さにギブアップし、早々に帰宅した。

果肉から銀杏の実を取り出すには、本来なら実を土に埋めて外皮を腐らせるのだが、私は、車庫にホースを引っ張ってきて、息を止めつつすぐに実を洗う。気が付くと相棒がいない。そそくさと逃げたらしい。

今思い出すと、どんなにご近所迷惑なにおいだったろう。とにかく夢中で白い実が出るまで洗い流した後は、自分自身が銀杏臭になってしまったかと思うくらい鼻が麻痺していた。それ以来、私は銀杏拾いをしない。リスクが高すぎて、買った方がだいぶ楽だと思い知ったからだ。

その後、銀杏並木は丸刈りにされてしまった。多分、においと落ちた実による道の汚れが原因だろう。

銀杏の思い出は、新潟の秋山郷の茅葺《かやぶき》の家にある。毎年、春キャンプに訪ねると、おじさんは決まって子供たちに秋のうちに拾っておいた銀杏を囲炉裏《いろり》で焼いてくれた。灰の中に銀杏を入れ、時々火箸《ひばし》で転がしながら薪《まき》を動かして火を調節し、ゆっくりと焼けるのを待つ。頃合いを見て灰から出して殻を外すと、透きとおるような緑色で、光沢がある立派な銀杏が現れた。口中にねっとりとした濃厚な味と香りが広がる。

あれから年月が過ぎたが、囲炉裏の銀杏を超える味には出会っていない。

ただ、銀杏の多食は有害なので要注意。「良質なものを少しだけ」が、賢い食べ方だ。

銀杏
イチョウ科　落葉高木

秋に実を付け落果したものを集める。においに耐えて果肉を水で洗い流し、殻の中身を食す。

ヤマノイモ三種

自然薯・長芋・ムカゴ

東京都心にほど近い我が家の庭にはムカゴの蔓《つる》があって、秋になるとハート型の葉の付け根に、茶褐色の丸い小さな実が数珠《じゅず》のように連なる。葉が枯れかかる頃、熟れた実はパラパラと落ちてしまうので、その前に採り集めてご飯に炊きこむことにしている。

ムカゴはその気になればあちこち見つけられる道草だ。生垣や庭木、畑や公園の柵《さく》、山野の雑木林にも。つるの地下には自然薯《じねんじょ》が生えているかもしれない。

実家が農家の同級生から、幼い頃にお祖母さんが茹《ゆ》でたムカゴを素揚げして塩をふり楊枝に刺す「ムカゴ団子」をおやつに作ってくれた、と聞いたことがある。郷土料理だったムカゴが、今ではその野生的な味わいによって懐石や旅館、居酒屋などの料理で人気上昇中というから、隔世の感がある。

私の初孫は、離乳直後から長芋とお蕎麦《そば》が大好物だった。毎日でも飽きずに食べ、ハンバーグなどのいわゆる子供食には見向きもしない。

東京の店で売られている長芋は鮮度がイマイチで、おまけに値段も高い。そのため、八ヶ岳から産地の長野県山形村へ、渋好みの孫のために買い出しに出かけたこともあった。山形村では晩秋と春の二回、長芋を掘り起こす。傷がなく真っ直ぐなものは贈答用として箱入りで売られるが、掘り出す際に折れてしまったり、形が悪かったりするものは、ひとまとめで破格に安くなる。娘は芋好きな子供のためにせっせと長芋レシピを工夫し、編み出した。

あるとき、山形村の知り合いに誘われて村の郷土料理の会に出かけた。山菜天ぷらや漬け物と一緒に、中心が真っ白で回りが黄色い円形の薄切りが並んでいる。食べるとシャキッと歯ざわりが心地好く、ほんのり味噌の香りがした。作者の婦人にこれは何かと尋ねると、売り物にならない細い長芋の皮を剥いて一晩味噌に漬けこみ、薄切りしたものだという。

とっても美味しいと褒めると、

「ありがとう。漬け過ぎに気をつけて、ぜひ作ってみて！」

と嬉しそうに笑った。

キクイモ

野生的で上品な、知られざる絶品

真夏の太陽に向かって元気に天を仰いで咲くキクイモと、ハンゴンソウの黄色い花々はそっくりだ。両者は葉の形で見分け、長楕円がキクイモ、「幽霊の手」と言われるように切りこみがあるのがハンゴンソウだ。

産直所では大袋で一五〇円ほど。面倒な下処理を思えば、買うのがお得だ。以前、長女の仕事場に老婦人から「みなさまでお昼にどうぞ」と、ゴッゴッした味噌漬けのかたまりが差し入れられた。薄くスライスしていただいたが、仕事仲間の誰もが初めての食感と味で正体がまったくわからない。持ち帰ってきたものを試食した相棒が、「食べたことはないけど、キクイモじゃないか?」と言い出した。

娘が後日、老婦人に正体を尋ねると、「私の庭に咲く黄色い花がヒントよ」と言う。キクイモかと尋ねると、「そう、よくわかったわね!」とにっこり。私も健康食として名前は聞いていたが、これが初めての出会いだった。

キクイモは低カロリーで栄養豊富、新たなダイエット食として一時期話題にもなったが、実は世界的な「非常食」だ。どんな荒地でも多く収穫でき、保存もきく。日本では戦後の食糧難時代に、友人たちに聞いてみたら韓国でもクロアチアでも、やはり非常時に食べたという。つらい思い出が甦るからか、今では地方に住むキクイモ食経験者の中には「家畜のエサだ」と蔑《さげす》んだりする方もいる。確かに個々に形がバラバラでアクが強く、調理するには扱いにくい。美味しさを知らなければ、一般人気には繋がらないだろう。

地方料理にキクイモをいろいろ試してみたが、どうにも垢抜《あかぬ》けない。最後に失敗覚悟で、皮ごと天ぷらにしてみた。厚さを均等に薄切りして火通りを均一にするようにしてから水にさらしてアクを抜き、油で揚げる。すると皮はゴボウの香り、中身はヤマイモのホクホク感、野生的で上品な絶品天ぷらに揚がった。私の料理教室でも揚げたてを塩で提供したところ、「これからキクイモ買いに行くわ。今晩家族に食べさせる！」と生徒さんたちから予想以上に喜ばれ、努力の甲斐があって私も嬉しくなった。

キクイモ
キク科　多年草

秋に開花した後、地上部が枯れる頃に地中にできる塊茎を食す。全国に分布し、サクサクした食感とゴボウに似た風味が特徴。

桜の
アイスクリーム

市販の桜葉の塩漬けと
アイスクリームで作れる春のデザート。
ポイントは葉の塩の抜き加減。
塩をぬき過ぎると香りも消える。
桜の便りが届きだしたら、作り出そう。

材料

◆ 桜の葉の塩漬け〈市販〉
…………………………………10～15枚
◆ バニラアイス〈市販〉…400cc

作り方

1 桜葉は20分から1時間程水に浸し、噛んでかすかに塩気を感じるくらいに塩をぬく。

2 葉の中心の固い葉脈を除き、極細かいみじん切りにする。その後すり鉢ですると、より舌ざわりが良くなる。アイスクリームはボウルに入れ、少し溶かしてゆるめる。

3 アイスクリームに2の桜葉を入れ混ぜ、再び冷凍庫で冷やし固める。

フーチバジューシー
（沖縄風ヨモギ雑炊）

沖縄ではよもぎをフーチバーと呼び、
生長した葉が一年中売られる。
沖縄の友人と雑炊と五目炊き込みの
２種のヨモギご飯を作ったが、
我が家では雑炊が簡単なうえ、人気だった。

材料（４人分）

- ヨモギ〈生の柔らかいもの〉……25～30g
- 鰹だし汁……6カップ
- 豚薄切り三枚肉……120g
- 塩・醤油……各少々
- ご飯……茶碗２杯分
- 卵……２個

作り方

1 ヨモギはやわらかな穂先の若葉を摘んで洗い、2～3cm位に切る。豚肉は1cm幅の細切りに。卵はほぐす。生葉の強い香りが苦手の人は茹でて水にさらす。これは冷凍可。

2 だし汁を煮立て、豚肉を入れアクをとる。塩・醤油で調味する。

3 食す直前にご飯とヨモギを入れてさっと煮、とき卵を全体に回し入れ、卵が固まり始めたら火を止める。手早く器に盛っていただくが、時間がたつとおじやになる。

桜のアイスクリーム

フーチバジューシー（沖縄風ヨモギ雑炊）

ハルジオンの洋風ゴマ和え

ハルジオンは野生の春菊。
身近で摘めて美味しい季節の味だが、
ファンは少ない。
乃木坂46は「ハルジオンの咲く頃」で
花の可憐さを歌った。
上品で優しい香りは濃厚な味が合う。

材料

- ◆ハルジオン〈開花前のもの〉……100g
- ◆マヨネーズ……大さじ1～2
- ◆すりゴマ……小さじ1
- ◆練りワサビ……小さじ1/2

作り方

1 ハルジオンは塩少々入れた湯でさっと湯がいて水にさらす。水気をとり食べやすく切る。

2 マヨネーズにゴマとワサビ少々を練り混ぜ、ハルジオンを和える。

スベリヒユの
辛子醤油和え

山形の家庭郷土料理。
軽いぬめりとシャキッとした歯ごたえに
辛子醤油がぴったり。山形では
スベリヒユは「ひょう」と呼ばれ、
乾燥した「干しひょう」は正月料理に使われる。

材料

- スベリヒユ……100g

辛子醤油

- 練りからし……大さじ1
- 醤油……大さじ1強
- だし汁……小さじ1
- みりん……小さじ1/2
- 鰹節……適量

作り方

1 スベリヒユはさっと茹で、冷水にさらす。水気をとり4～5cmの食べやすい長さに切る。

2 辛子醤油の材料を全て混ぜ、1を和える。器に盛って、鰹節をのせる。

ハルジオンの洋風ゴマ和え

スベリヒユの辛子醤油和えと夏サラダ

ノビルとタコのチヂミ

ノビル球根と葉を入れ、
後を引く美味しさのお手軽チヂミ。
韓国の友人達と公園でノビルを摘み、
チヂミを作りながらお国自慢をした思い出の味。
酒のつまみや軽食に最高。

材料

- ◆ ノビル葉……30g
- ◆ ノビル球根……20g
- ◆ 茹でダコ……50g
- ◆ 玉ネギ……1/2個
- ◆ 中力粉……150g
  〈塩小さじ1/4・水200cc・全卵1個を入れ混ぜる〉
- ◆ 炒め油
- ◆ ポン酢・七味唐辛子

作り方

1 ノビルの球根はつぶしてみじん切りにし、葉は1cm長さに切る。茹でダコは薄切りにした後、5～7㎜角に粗く刻む。玉ネギは少し粗めのみじん切りに。

2 卵はほぐし、中力粉・塩・水をホイッパーで混ぜ生地を作る。そこへ1を入れ合わせる。

3 フライパンに油をしき、スプーンで6～7㎝に2の生地を丸くながす。片面が焼けたらひっくり返し、両面を焼く。皿に盛り、唐辛子をふったポン酢でいただく。

焼きノビル

＊

ノビルの球根を
生で辛味を楽しむ通な人もいるが、
ひげ根を除きゆっくり焼くと、
焼きニンニクに似た甘さと
ホクッとした食感、
香ばしい香りがたまらない。
味噌を添え日本酒と。

＊

ノビルとタコのチヂミ

焼きノビル

ヤマボウシの パンケーキ

ヤマボウシにジャムをつけると、甘味が全体に
しみて薄味を補い、皮の歯ごたえも和らぐ。
酸味のない苺かサクランボのような風味になる。
子供達に大人気の可愛いお菓子。

材料

パンケーキ生地

- 卵……小2個
- 砂糖……45g
- 牛乳……200cc
- ベーキングパウダー…大さじ1
- 薄力粉……220g
- 溶かしバター……15g

ホイップクリーム

- 生クリーム……100cc
- 砂糖……5g

ヤマボウシのジャムがけ

- ヤマボウシの実……適量
- イチゴジャム……適量

作り方

1 ボウルに卵を割り入れ、ホイッパーで砂糖を混ぜ、牛乳を合わせ、粉とベーキングパウダーを一緒に振るってから、入れ混ぜる。溶かしバターを混ぜる。生地をプレートに5～6cmに円く焼く。

2 生クリームに砂糖を入れ、7分立てに泡立てる。イチゴジャムは少しレンジにかけ、熱くしてヤマボウシの実をくぐらせる。

3 皿にパンケーキをのせ、ホイップクリームとヤマボウシと一緒にいただく。

桑の実タルト

生の桑の実を摘めるのは、限られた人だが、
近年道の駅では養蚕用に輸入された
マルベリーの改良種の立派な実が売られる。
甘く濃厚な味と香りを市販のチーズケーキと味わって。

材料

◆桑の実〈マルベリー〉……適量
◆市販のレアチーズケーキ……1台

作り方

1　桑の実を洗って水気を取る。柄を取り除き、チーズケーキの上に並べる。

ヤマボウシのパンケーキ

桑の実タルト

ヤマボウシ

第2章

ちょっとそこまでお出かけついでに楽しめる都心近郊

～郊外の道草生活

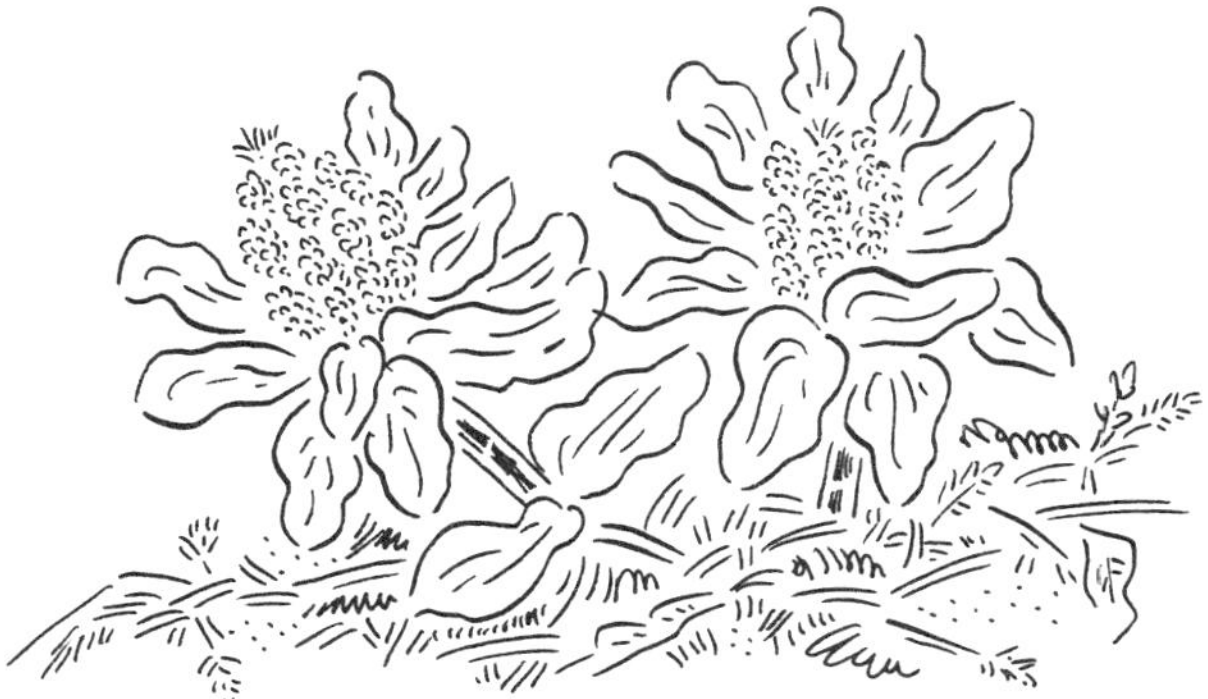

都会と山を行き来する生活

相棒のリタイア生活に向け、私たちはきのこ師匠の住む八ヶ岳原村に山小屋を手に入れた。八ヶ岳の最大の魅力は、きのこと四季のメリハリのある雄大で美しい自然の移り変わり、底抜けに高く青い空と夕焼けや満天の星空、住む人々の陽気さである。地元領有権が穏やかで、マッタケ山以外は旅人・別荘族・地元住人が一緒にきのこや山菜採りを楽しむ姿があちこちで見られる。長寿で有名だが、本人たちの分析では「今、一〇〇歳越えの婆さんたちはずっと塩辛い漬け物食ってたぞ。俺たちは朝早くから働いて、夜は酒飲んでクヨクヨ考えないからだ」そう。冬のドイツの曇り空は心を暗くすると友人が言ったが、青空力もあるはずだ。だが、自然のどんな美しい景色でも一〇日も見慣れると飽きて当たり前になる。人間は実にわがままだ。地元の友人たちは朝から晩まで働き続けだ。きのこと野草シーズンは別だが、私は飽きると突然都会が恋しくなり、価値観が同じで人生の荒波を支え合った都会の友人たちが懐かしい。孫たちは元気かな。

教室では山の恵み料理と八ヶ岳話を楽しむ。季節はお盆を境に春夏は都会の方が二週間早く、秋冬は遅れて訪れる。新宿御苑に早咲きの桜が開花しても、八ヶ岳は凍土で覆われ、枯れ野が広がっている。二つの拠点を行き来する生活には、良い季節を二度も味わう贅沢がある。

春休みと連休には孫たちと山小屋で過ごす。渓流にヤマメやニジマス釣りに出かける組、虫捕りや草摘み組と分かれ、春を体験する。地元の友人に「腐葉土の下にカブト虫の幼虫がいるよ」と言われ、喜んだ娘家族が五〇匹も捕って、夏には成虫のエサ代で破産寸前になった。

夏休みは小屋の庭にテントで、キャンプ生活。食糧は友人の畑で野菜を採らせてもらう。ジャガイモを掘り、ナスやピーマンもハサミで丁寧に切る。長女の息子は生でズッキーニをガブリ。「ひまわりも下さい」と次女の娘が小さな声で言う。畑の主は「おぉ、持ってけ。カブトもあの木にいるぞ」と気前が良く、オスだけ贅沢に捕った。自分で収穫、飯ごうのご飯も成功。できあがったカレーライスは「神ってる！」美味しさ。八ヶ岳の大地と人への感謝の味がする。

翌日は近くの井戸尻遺跡へ縄文体験に参加した。すべて地元の主催で、竪穴住居では土器でおばさんが雑穀粥を炊いている。薄暗い住居で食べる味はみなを縄文へタイムスリップさせた。

資料館では機織《はたお》り機を使い、昔実際に織っていたお婆さんが指導してくれる。織り機に二人の手伝いが付いて、縦糸横糸をパタンパタンと織らせ、足が届かない孫娘には屈んで踏み板を押してくれる。少しずつさき織りの小さなマットができ上がる。

年長の孫は腰が曲がった老人に世話させるのがいたたまれないようだ。「自分でやります」と言うと「いいの、遠慮はなしよ」。親たちは「こんなレア体験してタダなんて、東京ではありえない」。お礼の手紙をみんなで書こうと孫たちが言い出した。

帰宅すると、地元の友人夫婦から採りたて野菜が届いた。「ウチは無農薬だから、モロコシから虫が出るかも。大丈夫？」と問われ、「安全の証拠よ」とお礼を言う。友人の孫たちは盆明けには新学期が始まるため、花火やお盆の親戚の集まりが終われば、あっという間に夏休みは終わり。大慌てで親子で宿題を片しているそうだ。東京の夏休みは長くていいね、という言葉に我が孫たちは同情した。

後日、井戸尻遺跡へ手紙を届けた。すると、「地元は子供が集まらない。東京の方が価値を判るんですね」という。もったいない話だ。

フキノトウ

蕗《ふき》のとう

春を告げる道草の王道

立春を過ぎると、近くの農家の露店に蕗のとうが並ぶ。寒さに耐えるのもあと少しだ。蕗のとうを、春の使者と待ちわびるようになったのはいつからだったろう。

蕗のとうには懐かしい思い出がある。実家が駅前開発で収用されることになった頃、幼なじみから電話が入った。

「勝子ちゃん家《ち》の蕗のとう、思い出に少し欲しいの」

「いいけど、そんなのあったっけ?」

意識して見たことなかった私は、とぼけた返事をしてしまった。翌日、彼女は実家から根ごと掘り出し、自分の庭に植えて「ここが故郷だって忘れないで」と言った。

それからは毎春「蕗のとうが出たわよ。ご馳走さま」と連絡があった。

何年か後、彼女は病で旅立つ。今では「蕗のとう今年も美味しかった。ご近所に配ったら大喜びでした」とご主人から電話が入る。私の実家はビルになったが、彼女の庭で蕗のとうが「故郷を忘れないで」と、今も私に呼びかけてくれる。

ところで、蕗のとうには性別があり、それぞれ個性が違うのをご存じだろうか。中心が黄色の花が男の子、白い花が女の子。フキは男女別々に根茎を伸ばし、男組、女組とグループでつぼみをつけるのだ。

黄色男子は少し早めに出て、花粉を渡すとすぐに枯れる。一方、白花女子は目立たず小さく、花の終わりには人間同様「トウが立つ」。この伸びたトウのやわらかな部分も実は美味。女子花はアクが少なく香りが良いので、生で使いやすい。男子花は見た目はカッコいいが、アクと苦みが強め。

雪国新潟では黄花を「粟」、白花を「餅」や「米」と呼び、アクの少ない女子花好きだ。が、都会人は苦味を「春の味」と喜ぶ。

昔、新潟の秋山郷の新緑に光るブナの雪解《ゆきど》け道を、蕗のとうを夢中になって摘みながら家族で歩いた。あの爽やかな風と香りが、私を蕗のとう好きにさせたのかもしれない。

フキノトウ
キク科　多年草

春を知らせる使者として人気が高く、肌寒い一月頃から姿を見せる。つぼみから咲きかけまでが美味。

ヤブカンゾウ

酢の物にもおひたしにも。うま味の多い一日花

道端に鮮やかなヤブカンゾウの花を見かけて自転車を停めた。脇の露地販売には夏野菜を並べて、近所の顔見知りの農家のおばさんが座っている。野菜を買いながら、いつものように声をかけた。気づくと畑の入り口はオレンジ色の八重花で埋めつくされ、燃えるような美しさだ。

「お久しぶり。ヤブカンゾウの花、すごくキレイね。つぼみを少しいただいていい?」

おばさんは笑顔で立ちあがって、「こんなにいっぱいあるんだもの、いくらでも持って行って。毎年紫陽花《あじさい》が終わるとこの花が咲くんだけど、いつの間にか畑中に広がっちゃった。一日花だからすぐ枯れちゃうけど、つぼみだけじゃなく花も採ったら?」と、一緒に畑の前へ行った。

「今日は、酢の物で食べるから、色づいた咲きかけの花とつぼみがいいの。さっと湯がくと、甘いネギに似た香りと軽いぬめりが出て、独特の食感があって美味しいのよ」

そう教えると、

「えぇっ、食べられるの？　初めて聞いた。そういえば、春先にこの若芽をゴマ和えにすると美味しいって、前のコーヒー店の人が言ってた。私も今晩酢の物作ろうかな、キュウリ入れて。じゃ、黄色い色違いも食べられるの？」と、隣の花を指さした。

「それは仲間で同じように食べられるけど、種類が違うの。黄色い一重花でしょ。ユウスゲっていう名前なの」

　夏休みに八ヶ岳で、孫と一緒にヤブカンゾウを探した。野原や土手に、道端にとどこでも派手な橙色は群生で見つかった。つぼみを手折《たお》ると茎から軽いポキッという音がして、指先に心地好い響きが伝わる。花は摘む楽しさがあるが、少し採ると残りは咲かせたままにしておきたいと思うから不思議だ。

　その晩は、摘んだつぼみを甘酢和えにし、皿の上にオレンジの花が咲いているように放射状に盛った。孫が大喜びしたのはもちろんのこと。花をいただく風雅を経験させた。

ヤブカンゾウ
ユリ科　多年草

夏の道草の代表格。花は大きく鮮やかなオレンジ色で、料理を見た目にも華やかに彩ってくれる。

ニセアカシア

甘い香を愉しむ初夏の道草

ニセアカシアは、明治以降アッという間に全国に広がった。日本の気候と土壌によほど合ったのだと思う。

日当たりの良い場所を特に好んで野生化し、在来種を倒す勢いで増え続ける。

初夏の風が吹く五月から、白い藤のようなアカシアの花前線は北上を続ける。満開の期間は一〇日ほどで、養蜂を営む「ハチ屋さん」はそれを追って旅を続ける。

昔、沼田の山奥で蜜を集めているハチ屋さんに出会ったことがある。採るのは栃《とち》とアカシアの蜜だけだという。繁殖した外来の害木だといわれて、ニセアカシアの木はどんどん切られている。今ではレンゲ畑もなくなり、このままアカシアが減ってしまったらそのうち国産蜂蜜はできなくなる、と嘆いていた。

「そうだ、蜂蜜作ってみるか?」と、ハチ屋さんは遠心分離機を指さした。

「いいの? やりたい!」

一も二もなく飛びついた。私がハンドルを動かすごとに分離機が回って、ねっとりと甘い香りに満ちた濃厚なアカシアの贈り物が貯まっていった。

アカシアの白い咲きかけの花は清らかだが、香りは淡い。木の下で、蜂蜜のあの濃い香りに出会えるのは、満開の最後に花の元とガクがピンクに変わった時。遠目には薄桃色の花に見え、触るとポロポロと花弁が落ちる。花の周りは蜂たちが集まり忙しく舞う。

その花を集め、生で甘酢に漬けて二、三日経つと、漬け汁と花が薄桃色に染まり、味、香りともに「これぞアカシア！」という出来栄えになる。見た目も愛らしい。知り合いは、花を湯どおしした後に漬けて汁も花も赤い甘酢漬けにするが、香りが飛んでしまうので私は生花で作る。薄桃花の期間は三日足らず。秘かな散り際の美の後、やがて枯れて消える。

アカシアという美しい響きは、北原白秋の「この道」で知り、清楚で儚い花を想像していた。初めて樹と花を見て、「え、これがアカシア?」と、ギャップに軽く驚いた。花も樹も意外にたくましく、棘《とげ》まで備えている。「ハリエンジュ」の方が私のイメージには合うようだ。

ニセアカシア
マメ科　落葉高木

「ハリエンジュ」。街路樹にも多く白い花を目印に探すとよい。蜂蜜でも有名な種で、花を料理として使う。

クルミ

割るのは手間だが栄養満点の自然の贈り物

野生の「和クルミ」の樹はどこにでもあるが、特に河川敷に多いのは、落ちた実が流れ着いて根付くからだろう。東京都下の黒目川沿いも桑と鬼グルミの木が並び、夏には緑の実がブドウの房状に生《な》る。栗や銀杏拾いをする人はいても、クルミが不人気なのは何故だろう。

割りたてのクルミの味は抜群だと聞き、私は晩秋に外皮が腐って出た殻を集め、金槌《かなづち》で合わせ目を叩いて壊し、中身をほじった。鬼グルミの殻は意外に硬く、中の形も複雑で取り出すのに大苦労を強いられる。その挙句に、ほじくり出した種子はボロボロに崩れてしまう。八ヶ岳には値段の高い和グルミと安い西洋カシクルミの種子の袋詰めが売られており、土地の人はそれを買っておこわや和え物や餅を作るという。楽には勝てない！

八ヶ岳の谷や川沿いにも、高さ二〇メートルを超えるクルミの大木が何本もある。秋には落ちた茶色の実が道路に散乱するが、頭の良いカラスはそれをくわえ、車の通る場所に運ぶ。

その様子を見ていると、ちゃんとタイヤの跡に置き、車が踏んで殻を壊すと中身の種子をつまむ。また合間を見て実を運んでくる。

森の中にも野ネズミが食べた殻が落ちている。殻の合わせ目を避け、やわらかい両脇に円い穴を開けて中身を食べているらしい。

冬には山小屋の庭に来るリスのために実を撒いておく。リスは両手で包むように殻を持ち、合わせ目に歯を立てて小刻みに動かし、見事に二つに割って中の種子を食べていた。食べなかった残りの実をあちこち運んで隠しているけど、忘れないかな、と心配だ。

動物はいろいろなやり方で硬い殻を割るが、縄文人は石で叩き割って栄養豊富な種子にありついたのだろう。

和グルミは、殻は硬いが味は濃い。西洋カシクルミは軽やかな風味で殻はやわらかく、クルミ割り器を使うと簡単に割れる。

外国の友人たちが割りたてのクルミでサラダやお菓子を作るのを見ると、少し羨《うらや》ましい。

クルミ（胡桃）
クルミ科　落葉高木

九月下旬～一〇月下旬によく見つけられる。郊外や里山の沢沿い、河川敷付近を探すとよい。

セリ

春の七草　野趣の香り

私の子供たちが幼かった頃、毎年五月の連休は人混みを避け、飯能郊外の水田へ草摘みピクニックに行った。当時は国の減反《げんたん》政策のために休耕田が増えていたが、そこは昔のままレンゲ畑が広がり、野原は春の小花であふれて蝶が舞い、水生昆虫がうごめく溜池は春の光に輝いていた。

田の持ち主は優しい老人で、野良仕事の合間にいろいろと子供たちに話かけ、お茶タイムも一緒に楽しんだ。

休耕田は小川の水が入って野ゼリが一面に生え、緑の海になっていた。セリは水辺を好む。私たちは許可を得て、泥遊びするように思いきりセリ摘みを満喫した。

長靴を履いて田んぼに入るとズブズブと足が沈む。子供たちはすぐ泥んこに。田舎育ちの相棒はやたら手際が良く、スッスッとセリを抜いては根を水で洗って束ねていく。私と子供たちは悪戦苦闘で、茎は絡まるし長靴は脱げるしで早々にギブアップした。あたりはむせかえるほど野ゼリの香りで満ちていた。

しかしセリを心から美味しいと感じたのは、四〇代になっていろいろと料理を知ってからだったと思う。セリの魅力は、まず鼻に抜ける緑の香り。そして根のゴボウに似た野生の味だ。産地では、料理には必ず根も使う。混ぜご飯、きりたんぽ鍋など。韓国の友達も、チヂミ、プルコギと、さまざまに楽しむそうだ。確かにセリは、ことのほか韓国味と相性が好い。

早春の霞ヶ浦は栽培セリの最盛期だ。腰まで水につかり、根ごと引き抜いたセリを田んぼの水で洗いながら、水面に浮かべた大きな板に山積みにする老夫婦を見かけた。これは重労働だ。私が少し譲って欲しいとお願いすると、肥料袋いっぱいにセリを詰め、規格外だからあげると言う。

「秋に親株を撒くと今くらいに収穫できるの。セリとゆかりのおにぎりは美味しいよ」

お婆さんは仕事の手を休めずに話した。早春に店でセリを見かけると、老夫婦の黙々と働く姿を思い出す。

セリ（芹）

セリ科　多年草

春の七草のひとつ。郊外では休耕田、川辺などに群生している。香りの濃さが料理を引き立てる。

タケノコ

苦みの真竹と甘みのハチク

昭和五〇年代まで、武蔵野には古い農家が数多く残り、どの家にも孟宗竹《もうそうちく》の林があって、春になるとタケノコが採れた。

友人宅にも竹林があり、季節には二軒でタケノコたっぷりの肉饅頭を作るのが恒例だった。何日も前から、彼女は早朝出たてのタケノコを掘ってアク抜きし、刻んで何キロも用意する。具作りと味つけが私の担当で、饅頭の皮も特製だ。朝から夕方までで二〇〇個以上も山積みになるほど作ったものだ。幼い息子と友人の娘さんは途中で飽きて大暴れするが、負けずに作り続ける。当時は私たちも若く、旬の生タケノコを使った贅沢肉饅頭で家族を喜ばせたい想いで頑張れたのだ。

焚《た》き火に採りたてのタケノコを入れて蒸し焼きにし、豪快なタケノコの刺身を楽しんだことも、今では遠い思い出だ。

今は間引き管理してタケノコを育てている近くの農家で入手する。持ち主は「東京は切った竹を燃やせないから処理にはひと苦労。でも、みんな楽しみに待ってるからなぁ」と話す。

ここ東久留米あたりは近くに湧水があり地下水に恵まれて、ずんぐりと太いタケノコはアクが少なくやわらかい。愛情こめて育てられたタケノコは香り・味ともに持ち主の期待に応える地域最高の味と評判を聞く。

信州には野生竹に、細身の真竹《マダケ》とハチクがある。どちらも江戸時代に川淵の土止めとして植えられたが、今は畑などに広がり伐採が進む。真竹ファンもいるが、私は苦手だ。ビリビリと痺《しび》れるような苦みが特徴で、食べた後、後悔すること度々。

姿はそっくりだが、ハチクはまったくの別物だ。素晴らしい甘い香りでアクはほとんど感じず、やわらかい。京都の極上タケノコと同格、いやそれ以上に美味かもしれない。

しかし、あちこち見られる細い竹林の多くは真竹で、ハチクは限られた場所にしかない。人もタケノコも、見た目で判断は危険だ。両者は見分けがつかないほど似ていて、購入する時は信用できる店で慎重に選ぶことにしている。

タケノコ（筍）
イネ科

タケ類の若芽。国内で最も代表的なのは孟宗竹で三〜四月に、ハチクと真竹は四〜六月に店頭に出回る。ハチクは甘く、真竹は苦い。

秋の花々（マツヨイグサ　葛）

秋を知らせる見目美しい道草

◆マツヨイグサ

マツヨイグサは都市近郊や山野とどこでも野生化し、花は夏から秋と期間も長い。「月見草」「待宵草」とも呼ばれ、月と絡めた抒情歌に詠《うた》われる。夕方から花が咲き、朝には萎《しぼ》む。

奥能登の夏キャンプで夜の散歩に行き、野原一面に咲いたマツヨイグサの群生に出会った。満月の夜だったのか、明るい月光に満開の黄色い花々が浮かび、幻想的な輝きに子供たちは息を呑んだ。あたりには甘い香りが漂っている。後にその光景を思い描き、色と香りの料理を工夫した。お月見に花餅を作り、花をお茶に散らす。甘酢漬けやゼリーは、甘い香りが残る名月の色だ。

真夏の夜の花仲間に、林の片隅にひっそり咲くカラスウリがあり抜群に美しいが、食は不可。繊細な白いレース状の花は闇に舞う踊り子のよう。朝日が昇ると萎んでしまうから、人はその美しさに気づかない。

◆葛《くず》

葛の花は秋の便りだ。東京がまだ残暑の頃、八ヶ岳の道端に赤紫の花を見つけると、秋が近いことを感じてほっとする。

木々に絡んで覆い枯らす葛をすさまじいと思ったが、葉の間に小さな蘭に似た可愛い花穂を見つけ、自然の美しいギャップに感嘆した。葛は萩やススキ、おみなえしなどと並ぶ観賞用の秋の七草で、可憐な花は濃厚な甘い香りを放つ。私は小さな花を葛湯に散らし、残暑に秋風を待つ。

葛の歴史は古く、奈良時代には根から葛粉を作り、茎の皮を剥いだ繊維から葛布を織った。今でも奈良地方では根からでんぷんを採り、塊の「本葛粉」を作る。繁殖力が強くやわらかな葉は、家畜の冬の餌《えさ》になり、昔の人はトイレットペーパーとして重宝した。

マツヨイグサ（待宵草）
アカバナ科　多年草

夏、日が落ちてから咲く月に似た色の花。姿をいかした道草料理が最適。もとは外来種だが野生化して広がった。

山椒

葉から実まで優れた和製ハーブ

私が山椒と真剣に向き合うきっかけは、会津の郷土料理「ニシンの山椒漬け」からだろう。土産品は身欠きニシンを山椒の葉と醤油で漬けたもので、美味だったが個人的にはもっと山椒の風味とパンチが欲しかった。会津では山椒の葉が元気な初夏に作ると聞くが、我が家では新物身欠きニシンの時期に合わせ、年末に作る。

山椒は山の野生の葉と実を摘む。身欠きニシンを重ねる間に、葉と一緒に生の実を砕いて散らすことでイメージ通りの味に仕上げることができるようになった。

野生の山椒の葉は格段に香りが強く、たくましい風味がある。日当たりの良い山道脇や林には山椒の木がよく群生しているが、おのおの香りの強弱や違いがあるので、採取する木を決めて、まずは山椒味噌用に若葉だけを収穫する。五月晴れに山椒の葉が爽やかに香ると、八ヶ岳のきのこ師匠との山椒摘みを思い出す。師匠の山椒葉味噌はどの名品より香り高く、力強さにあふれていた。

最近、私はこの山椒の葉をオイルと一緒にプロセッサーにかけ、「山椒ペースト」作りに成功した。香りは油に溶け、緑の美しいソースができて、蒸し鶏のタレに最高だ。

六月には山椒の青い実を摘む。相棒の知り合いは五平餅味噌のために、実を炒って擦りクルミと混ぜた山椒味噌を作っている。実は葉より辛く、深い大人の味わいだ。

干して緑の皮だけ擦れば、辛い「粉山椒」ができる。

あるとき、孫の一人が緑の実をつまんで口に入れ、突然「ギャー！」と泣き叫ぶ声を聞いた。三日間も口中が痺《しび》れていたそうで、今でも「サンショウ」と聞くと震えあがる。

夏は大きな山椒漬け用の葉を摘んで冷凍する。秋になると実は赤くなり、やがて弾ける。香り良い皮だけの花椒ができた。冬は師匠が木を切りだし、すりこぎ作りに励んだ。こう見ると山椒は姿を変えながら、なんと季節ごと人々を楽しませてくれることだろう。

我が家の山椒の木にはアゲハ蝶の幼虫が何匹も枝を這う。虫好きの次女は大人になっても「山椒はアゲハの幼虫のにおいがする」と言って、今でも食すのは苦手のようだ。

山椒
ミカン科　落葉低木

葉も花も実もすべて食用にできる優れもので、日本料理に欠かせない薬味。庭木にも多く、清涼な香りが特徴。

フキノトウピクルスの卵サンド

春以外にも一年中楽しめる
大人のサンドイッチ。
茹で卵にピクルスを刻んで入れると
相性抜群、漬け汁を少し足すとより香りが良い。
爽やかで深みのある味で、ディップにも。

材料

- フキノトウピクルス……60～70g
〈ピクルス液を絞らない〉
- 茹で卵……2個
- マヨネーズ……大さじ2
- 塩・コショウ……少々
- レタス、パン

作り方

1 フキノトウピクルスは粗いみじん切りにする。茹で卵を粗く潰してマヨネーズで和えピクルスを混ぜて、塩コショウで調味する。

2 パンにレタスをはさみ、1をサンドする。

※フキノトウピクルスの作り方⇒P171参照

ヤブカンゾウの花の甘酢漬け

ヤブカンゾウのシャリッとした食感と、
特有の甘さが甘酢にとても合う。
これがあの野草の花かと驚くほど
華やかで贅沢な一品だ。
海草サラダやキュウリと酢の物にしても美味。

材料

◆ヤブカンゾウの蕾と咲きかけの花……適量

甘酢

◆砂糖……大さじ1と1/2
◆酢……50cc
◆塩……少々
◆水……大さじ1

作り方

1 ヤブカンゾウの花と蕾はさっと湯がく。冷水にとってさらした後、水気を完全にとる。

2 材料を全部混ぜ、甘酢を作る。これに花をさっとつけ、花が甘酢を少し含んだらすぐ引き上げ、器に盛る。酢につけると花の色が少し赤く鮮やかになり、漬け汁も赤くなる。

フキノトウピクルスの卵サンド

ヤブカンゾウの花の甘酢漬け

ニセアカシアのピクルス、スモークサーモン添え

花のピクルスは淡い甘い香りと味、
シャキッとした歯ざわりが嬉しい
オシャレなオードブルだ。
作って数日後から食べられる。
長期間たつと花はなじむが、薄褐色に変わる。

材料

- ニセアカシアの花……150g

ピクルス液

- 砂糖……60g
- 酢・水……各250cc
- 塩……小さじ2

作り方

1. ニセアカシアの花房は、汚れや虫の有無を確かめ、保存瓶に詰める。
2. 鍋にピクルス液の材料を入れ、沸騰させ、60℃まで冷ます。
3. 1の保存瓶に、花が液に浸るよう入れ、表面にぴったりラップをかけ、蓋をする。数日後から味がしみて、美味しくなる。保存は冷蔵庫で1ヵ月程。

クルミ入り五目太巻きと クルミ風味のいなり寿司

長野や新潟では、
昔は海苔巻やいなり寿司に
クルミ入りが定番だった。
クルミの軽やかな食感と
コクのある深みがすし飯に効く。

材料

海苔巻（3本分）

- ◆炒りクルミ……適量
- ◆すし飯……2合分
- ◆焼き海苔……3枚
- ◆シソの葉、厚焼き玉子、
- ◆シイタケ・かんぴょうの甘煮、
- ◆細切りニンジンの甘煮

いなり寿司（5個分）

- ◆炒りクルミ・酢ばす……適量
- ◆すし飯……1合
- ◆甘辛煮のいなり袋……5個分

作り方

1 海苔巻きを作る。クルミは粗みじんに切る。厚焼き玉子は棒状に、かんぴょうは海苔の幅に、シソの葉は半切りに切る。

2 巻きすに海苔を敷き、すし飯を広げ、中央にシソの葉をおく。その上に具をのせ、クルミを並べ、手前から巻く。

3 いなり寿司を作る。クルミは粗めに刻み、酢ばすは小さめに切り、すし飯に混ぜる。これをいなり袋に詰める。

ニセアカシアのピクルス、スモークサーモン添え

クルミ入り五目太巻きとクルミ風味のいなり寿司

セリと牛肉のプルコギ

プルコギの野菜の中で、
これぞと思うほど美味しく感じるのはセリ。
ポイントは生のセリを仕上げに入れて、
ほんの少し火入れするだけ。
香り、食感が引き立つ。

材料

- セリ〈葉・茎・付け根・根〉……100g ～ 120g
- 牛肉薄切り肉……150g
- ニンジン……100g〈1本〉
- 玉ネギ……小1個
- シイタケ……4個
- 市販のタレ……適量〈あればタマネギ・生姜・ニンニクのすりおろし小2を混ぜる〉
- 炒め用ゴマ油

作り方

1 セリは洗って付け根と根は2cm、葉と茎部分は3 ～ 4cm長さに切る。ニンジンは斜め薄切り、玉ネギは半分に切って5mm薄切りに、シイタケは石づきを除き7mm厚さに切る。

2 タレに牛肉と、セリを除いた野菜類全てを軽くからめ、ゴマ油を入れたフライパンに入れて炒め、味を調える。最後に付け根、根、茎・葉の順に手早くセリを入れ、さっとからめる程度にして、火を止める。

秋の花餅
（マツヨイグサ・葛）

晩夏から初秋に咲く
美しい香りある花々を飾った、
季節の彩を楽しむお菓子。
葛は渋いガクを除き、マツヨイグサは
ガクを除いて下ごしらえを。

材料

- マツヨイグサ・葛の花々……適量

花餅の生地

- 白玉粉……30g
- 水……50cc
- 砂糖……30g
- 水……100cc
- 薄力粉……120g
- 水……100cc

作り方

1 ボウルに白玉粉を入れ、水50ccを入れてホイッパーでダマのないよう溶き、砂糖と水を入れ混ぜ、次に薄力粉を入れて全体を混ぜ合わす。最後に残りの水で生地をのばす。

2 ホットプレートか樹脂加工のフライパンにそのまま、生地を大さじ1強ずつ7～8㎝に円くのばし、好みの生の花をすぐにのせる。火が通ってきたら、焼き色がつかないうちひっくり返し、さっと花が焦げない様乾かす程度に焼く。

セリと牛肉のプルコギ

秋の花餅（マツヨイグサ・葛の花々）

山椒の若葉オイルを作ろう
（茹で鶏の山椒ソース）

山椒オイルの魅力は美しい緑色と爽やかな
山椒の若葉の香り。淡白なものと相性が良く、
トマトオムレツや白身刺身のカルパッチョに、
また冷たいパスタやガーリックトーストなど。
茹で鶏の山椒ソースは初夏のご馳走だ。

材料

山椒オイル

- 山椒の若葉……適量
- オリーブオイル……適量
（サラダオイル可）

- 茹で鶏……2枚
- キュウリ……2～3本
- 山椒オイル……適量

作り方

1 山椒の若葉を洗い、水気を完全にふき取る。ミキサーに葉とひたひたのオイルを注ぎ、葉が極細かなペーストにする。保存ビンに入れ、冷蔵保存する。

2 茹でた鳥胸肉をスライスする。キュウリは細切りに。皿にキュウリを敷いて、茹で鶏を並べ、岩塩を少しふり、1の山椒オイルをかける。

身欠きニシンの山椒漬け

会津の郷土料理で、
酒の肴として絶品だ。
我が家では野生の山椒の葉と緑の実は、
季節に摘んで冷凍し、
新物ニシンの季節に作る。

材料

- 初夏の山椒の葉……30g
- 緑の山椒の実……大さじ2
- 身欠きニシン……6本
- 米のとぎ汁……適量

漬け汁

- 醤油・日本酒……各1カップ
- 酢……50cc
- 砂糖……大さじ4
- みりん……大さじ1

作り方

1 身欠きニシンは、米のとぎ汁に一晩つけてふやかし、水洗いし、水気をふく。葉は水気をとり、実は粗く刻む。漬け汁を沸騰させ、冷ます。容器に葉を敷きつめ、身欠きニシンを並べ、刻んだ実を散らし、葉、ニシン、実を交互に重ねて、漬け汁を注ぐ。表面にラップをかけ、重しをして冷蔵庫へ入れる。数日後から食べられる。

茹で鶏の山椒ソース

身欠きニシンの山椒漬け

ニセアカシア

第3章
本格的な野山で実践する道草生活

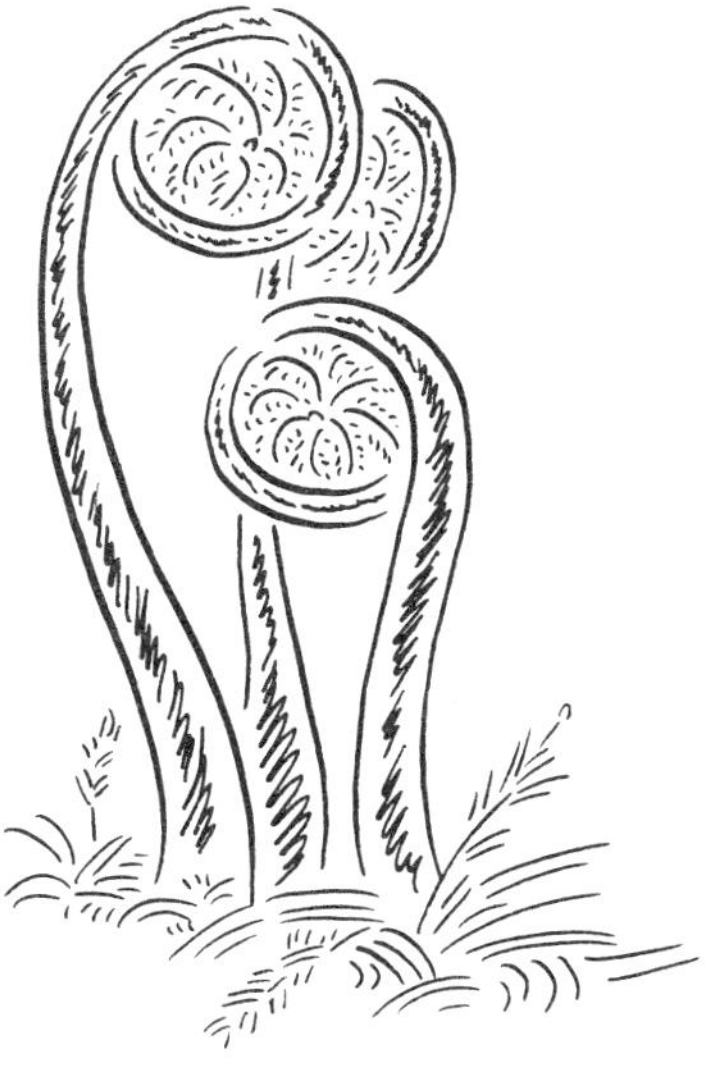

触るな注意！
可愛い花にも毒がある

下校どきの道草、花の蜜を吸う楽しみを懐かしく思い出す方も多いだろう。しかし、「ママ！　変なこと教えないでよ。タクがよその庭のお花摘まんで困るじゃない」と娘に言われた。しまった、確かに私の落ち度だ。他所《よそ》の家で育てた花はダメとか、毒の花があるとか、幼い孫に教えていなかった。孫は小学校の下校時に仲間とツツジの蜜を吸ったり、エノコログサで毛虫遊びをしたりする。「誰が教えたの」と孫に尋ねる娘も、子供の頃友達と花の蜜を吸い、桑の実を食べ、オシロイバナの色水やキンモクセイの香水を作って遊んでいた。地方出身の母親の子が遊びをみんなに広めたが、なぜか食と毒花の知識も持っていた。現代っ子は不審者に警戒するが、草花にも不審者がいる。安全な花で蜜を楽しもう、と大人の指導が必要だ。

植物すべての見分けは学者にしかできない。だから私は「食べたら死ぬ」ものだけは家族で共有することが大切と思う。幼い子供にも。

実際、フクジュソウの天ぷらを早春の味としてテレビで放映していたことがあった。「福寿草」といかにも縁起が良い字面だが、過去に死者も出した恐ろしい毒草だ。幸い番組には大クレームが入ってすぐ訂正されたが、テレビ局の無知は許されない。皆に愛される身近な猛毒花は、スイセン、スイトピー、スズラン、ポインセチア、クリスマスローズと挙げればきりがない。庭の花だからといって、間違ってもケーキに飾らないように。

春の山菜・ニリンソウの葉は殺人事件でお馴染みのトリカブトそっくり。一緒に混ざることもあって自己判断で摘むのは危険。庭で澄まして微笑む毒花たちをうっかり口に入れると、天国への階段を登る。食べたらどう苦しむかを知ると、その恐ろしさにさすがの私もビビる。美しく優しい顔の裏に猛毒を持つと知ると、逆に魅力的に見えるのはなんとも不思議だ。

世にも恐ろしい小料理屋の話がある。出雲《いずも》地方で刺身の盛り合わせの下に生の枝付きの葉を飾りに敷く店があった。私が刺身を箸で持ち上げると、下は夾竹桃《きょうちくとう》の葉だった。「ギャッ！」と叫ぶ私に、相棒は「ヤバい。俺一切れ食べちゃった。何か心臓がドキドキする」と店長を呼びつけ、「どこから持って来た。これは死ぬ猛毒なんだ」と注意した。店側は、「普通は買うんですけど今日は店の者の庭からです。すんません」とだけ。絶対にまたやる、と確信した私は怒り心頭で保健所に連絡したが、あわや殺人未遂だというのに保健所も樹を知らず、調べてから「大変な猛毒ですね！　今すぐ指導に行きます！」と興奮して連絡が入った。マスコミや保健所だけでなく、みな「命を落とす毒草類」への認識はこの程度なのだろう。危ない、危ない。

夾竹桃は、昔夏の庭木として濃いピンクの花が流行ったが、排気ガスに強く今は高速道路のフェンス脇に多い。大昔、アレキサンダー大王の軍隊がシシケバブの串に使って多くの兵を失ったといわれる歴史の教訓はいかされない。葉も花も枝もすべてが青酸カリ以上の猛毒。人々が危険を知らずに、毒草類たちが日常に手の届く場所で普通の顔をして生えている現代が不気味に恐ろしい。

コシアブラ

コシアブラ

美味しさが数の減少を招いた悲劇の道草

今では人気のコシアブラも、つい四〇年前まで一部の地方の人しか食べなかった。だから、甲信越の雑木林にはコシアブラが群生して生えていた。

桜が終わり残雪の谷川岳が新緑に包まれると、コシアブラの新芽摘みに家族で出かける。道脇のフキノトウは伸び、どの川もドゥドゥと音を立てて雪解け水が流れている。

コシアブラには似た芽があるので、私たちは子供にまず木をしっかりと覚えさせ、枯らさないよう摘む量も親が確認したものだ。今では、娘が孫たちに同じことを言っている。

コシアブラの生長した芽は大きく手のひらのように開くが、その直前が最高で、コリコリとした食感と新緑の爽やかな香り、濃いコクがたまらない。ほのかな苦みも味の深みとなり、チャーハンや天ぷらは子供たちの大好物だ。しかし、この美味しい時期はたった二〜三日ほどで、あっという間に芽は開いてしまう。

やがてコシアブラのうま味が世間に知られるようになり、大木は上部の芽の収穫のために伐《き》り倒され、若木も新芽をすべて摘まれ、年々雑木林にはその枯れ木が骸骨のように乱立した。森の伐採も進んで、野生のコシアブラは姿を消しつつある。

ある年、八ヶ岳の知り合いと、かつてコシアブラの群生地だった森に出かけた。やはり山はアカマツだけを残し、雑木はすべて刈られている。が、その森の真ん中には見知らぬ薄灰色の大木がどっしりと生えていて、あたりは神々しく荘厳な空気が漂っていた。根元は二股に分かれて抱えきれないほど太い。高さは二〇メートルを超えて、青空に向かって伸び、大きく枝を広げ、その枝先は緑の新芽が輝いていた。

「おぉ、これはコシアブラの親木だ。森の主だ。これが種を降らせて若木を育てていたんだ」

見ると地面にはあちこちから小さな若木が芽を出している。

「『切らないで！』って、しめ縄を巻こうか」

私が思わず叫ぶと、相棒たちは笑った。自然の輪廻転生とたくましく命を繋ぐコシアブラの姿を、すべての子供たちに見て感じてほしいと強く思った。

コシアブラ

ウコギ科　落葉高木

春先に伸びる新芽だけを食す（伸びすぎないうちに摘むとよい）。冷涼な山地の林内、原野に生える。実は果実酒に。

コゴミ

雪解けの水が育む山の緑

コゴミ採りは、昔、新潟秋山郷の春キャンプの食糧調達に始まったと記憶している。

雪解けの小さな川淵には一面に若緑の芽が群生して、出たての芽は見るからにやわらかく美味しそうだ。優しい緑の穂先がクルリと丸まり、姿もかわいらしい。コゴミは強いアクや個性がなく、歯ざわりはシャキッと爽やか、野菜感覚で食べられるので子供たちも大好きだった。

子供たちにはまず、採り方を教える。

「大事なことは、採るときに芽を二つ以上残すこと。全部採ると来年から出なくなるぞ。あと、小さい瘠せた株は採るな」

相棒は強い調子で言った。子供たちは真面目に、芽は二つ残すんだよ、と互いに確認しながら、ご飯の分を採り終える。その晩は茹《ゆ》でてパスタや和えものにした。

摘みたては緑の香りが際立ち、格別に美味しい。雪国の春の優しい贈り物だ。

あの瑞々しさと群生は、豪雪後の雪解け水の豊かさあってこそのものと思う。

近年、私たちは春になると、相棒の先輩が育てた「雪下ニンジン」を買いに、雪解けの十日町（新潟）に出かける。高速道を降りて雪国の飯山に入ると、日当たりのよい道脇の斜面や土手は信じられない量のコゴミで埋め尽くされている。誰も採らないのか、もう若芽ではなく葉が伸びて広がったものも多い。

東日本大震災が起きた春は、大きな余震に襲われた松之山に住む旧友を見舞った。松之山はブナの新緑がまぶしく、なだらかな棚田と丘がクロアチアの村そっくりの美しいところだ。その丘やスキー場は、あちこちに深い地割れができて道路は崩れ、隣の栄村《さかえむら》には何軒もの倒壊家屋があった。

「今回は本当にすごかった。ウチもようやく修理が終わったとこだよ」

旧友が被災地を案内してくれて、地割れを避《よ》けながら山菜採りをした。割れた地面にコゴミが季節通りに一面に生えているのが、無性に悲しかったことが忘れられない。

コゴミ
イワデンダ科
多年生シダ植物

「クサソテツ」。春一番の頃に出る渦巻き状の新芽を食す。湿気がある場所を好み、一株見つかれば大量に見つかる。

タラの芽

ひと苦労の後の最高の味わい

今年、二五年ぶりにタラの群生に出会った。その昔、新潟土樽《つちたる》の山には伐採の後、一面のタラ林が出現した。土樽山荘の仲間たち二〇人は、日当たりのよい荒れたタラ山に、棘《とげ》に刺されながら突入し、芽を摘んだ。タラの棘が、服や伸ばした手に容赦なく襲いかかる。我が家は子供たちも全員、皮手袋で武装して立向かう。「イテテテ！」と、あちこちで悲鳴が聞こえ、ポキリというタラの芽を折る心地好い感覚は今でも鮮やかに指先に残る。

山に日光が注ぐようになると雑木たちが一斉に目覚める。その一番乗りがタラの芽だ。当時、タラの芽を知るのは一部で、地元の人は食べないので、遠慮なく収穫を楽しめた。目が慣れてくると別の林でもタラの木と芽が浮かんで見えるようになる。摘み終えた芽を入れる収穫袋は棘で穴だらけだが、収穫の喜びに酔いしれた。川辺で揚げて食べた摘みたてタラの芽天ぷらの美味しかったこと！

しかし、この時リーダー格だった相棒は、「摘むのはてっぺんの一番芽だけ」という採り方のマナーをみんなに告げなかった。あまりの量の多さと群生に、収穫は永遠に続くと思ったのだ。そのうち山は植林された木が生長して日陰になり、芽の採り過ぎも重なってタラの木は枯れ、消えていった。最近では野生のタラはめったに見かけない。市販されているのは畑の栽培ものばかり。

今年、春の野花を見ようと伐採された国有林に入った。ここはアマドコロなどの可憐な花が咲く。遠くにタラの木の懐しい姿が見えた。立派な芽がしっかりと天を仰いでいる。

「そういえば去年の夏に、ここでタラの花が咲いてたな」

相棒の声を後ろにタラの道に出ると、そこからずっと二〇メートル以上の道幅で、タラ林が上道まで続いている。ところどころ早い一番芽だけが採られた木があり、ここを見つけた人はルールを守りながら採っているな、と安心する。タラの種は不思議で強い。何年もずっと自分が生きられるその日が来るのを、地面の中で待っていたのだ。私は生き抜くたくましさと待つ賢さを、雑木のタラに教えられた。

タラの芽
ウコギ科　落葉低木

タラの木の新芽。桜が散った後から芽を出すので桜の開花を目安にするとよい。日当たりがよい荒地に多く自生する。

行者ニンニク

凍てつく環境に生きる力強い山菜

初めて行者ニンニクを手にしたのは、北海道土産の醤油漬けの瓶詰だったと思う。かなり昔の話だ。「アイヌネギ」「蝦夷《えぞ》ネギ」と呼ばれ、昔からアイヌ食であるとか、また修行僧に体力をつける精進《しょうじん》野菜として食べられたとか聞いていた。強烈なニラのにおいと濃い醤油色の漬菜をどう使ったらいいものか……と呆然とした記憶がある。当時は遠い北の地の旅情を感じる食べ物だった。

本土にも野生の行者ニンニクがあると知ったのは、妙高山《みょうこうざん》の山小屋の女将《おかみ》からだ。雪解けの沢筋に現れるという。

「そこは足を滑らせると危険な場所で、主人とじいちゃんは行くけど、私は恐ろしくて行けない。ユキザサもあって山菜もたくさん採れるらしいけど、落ちたら一巻の終わりだって」

彼女は少し身をすくめて私に言った。

そういえば桧枝岐《ひのえまた》の友人も行者ニンニクを生で炒め、卵とじにする。奥会津の山も厳しく、登山者が偶然湿地で群生に出会ったと聞いた。

近年、八ヶ岳でも行者ニンニクの苗が売られ、五月になると道の駅に葉の袋詰めが並ぶ。私は買ってきた苗を、試しに山小屋の庭に植えてみた。気候が気に入ったのか、こぼれ種からもどんどん元気に増えていく。ここは標高一四五〇メートル、冬はマイナス二〇度にまで気温が下がり、土も凍る。北海道並みだ。

市販品でいろいろと料理も楽しんだ。ニンニクとニラを合わせたような香りは食欲を増進し、特に肉と合う。私はフォーやラーメン、冷しゃぶやチャンプルにもニラ代わりに使う。昔、苦労した醤油漬けや蕎麦《そば》つゆ漬けは、刻んで豆腐や納豆、茹《ゆ》で豚などにかける。

ここ数年、毎秋クロアチアの森をきのこ仲間たちと歩くが、彼らは野生の植物にも詳《くわ》しい。ある時、親友のムラデンが「ワイルドガーリックって知ってるか？」と尋ねてきた。姿、特徴からどうも行者ニンニクのことを言っているらしい。森にたくさん生えるという。ここも八ヶ岳と同じ寒冷地だ。ベジタリアンの精進食になるかもしれない。

行者ニンニク
ユリ科　多年草

北海道の特産品で、今では近畿以北でも栽培される。生育条件が難しく生長が遅いため天然ものは貴重だった。雪解けの後に収穫できる。

ワラビ

日本人が一番好きな山菜

日本人が、採るのも食べるのも一番好きな山菜は「ワラビ」だ、と私は確信する。晩春の八ヶ岳の道沿いの草むらは、ビニール袋を手にワラビ摘みを楽しむ人々が絶えない。老夫婦や家族連れ、友達と楽しげにワラビを探す。ワラビ採りたちの足跡で、草源に道ができるほどだ。こんなオープンな摘み草は、他に類を見ない。

私たちの五月の連休は、孫たちとのワラビ採りで幕を開ける。不思議なことに、幼児期に形を確認させただけなのに、それ以来誰も間違えることがない。枯れススキや若草に潜むワラビを探す姿は草原の宝探しのようで、みんな夢中になっている。しゃがむとほら、草のあちこちに隠れた出たてのカギワラビが。手折《たお》るとポキッと心地好い感触が指先に伝わる。遠くにカッコウや鶯《うぐいす》の鳴き声が聞こえた。

ワラビの季節は、命の輝く時でもある。枯れススキの中に、この春生まれた鹿の赤ちゃんが座って、こちらを見て隠れている。半年前、白と茶の斑《まだら》だった野うさぎも、すっかり毛が生え変わって茶の夏毛になり、草むらから飛び出す。山道の陽だまりには「旅する蝶」のアサギマダラが群れて舞う。命の息吹きを感じ、ワラビ探しの散歩ほど心が躍る道草はない。「石ばしる垂水《たるみ》の上のさわらびの」と謳われたワラビは、万葉の頃から日本人に親しまれたが、世界中に生えている割には、その食感のせいか食べている地域は限られる。茎の〝ヌルッとトロッと感〟を欧米人は苦手とするが、アジア圏ではとても好まれている。韓国では、ユッケジャンやビビンバなど、何にでも使う。

話の道草だが、ソビエト崩壊直後のハバロフスクに日本との合弁で味噌ラーメンの店ができた。冬のシベリアには肉はあるが、野菜がない。苦肉の策でワラビの塩漬けを入れていた、とは相棒の思い出話だ。

クロアチアのきのこ仲間に、国内初のワラビ料理で一躍トップシェフになった人がいる。一番人気はポークソテーのワラビソース添え。苦みが濃いソースに映える。森はワラビの宝庫だが、彼は栽培した若芽だけを茹《ゆ》でて冷凍保存する。ワラビの世界進出が始まった。

ワラビ
コバノイシカグマ科
シダ植物

草原や谷地、山腹の農地などの日なたに群生。春〜初夏の新芽を食用し、山菜の中でもアクが強く食すには下処理が必要。

ヤマウド

鮮度が命の天然もの

野生のウドは、たいてい急斜面に生えていて、収穫には足元を固めないと素人には危険だ。秋山郷の春キャンプでは、食糧調達には相棒が三人の子供を連れて崖《がけ》を登る。まずは下から見上げて見える範囲のウドを確認し、ルートをイメージして出発。途中、上を歩く人の足元から砂利が落ちたり、乾いた葦《あし》に滑りそうになったりする。

ウドはずんぐりして根元が白いものが美味しい。子供たちがポキリと根元から折ると、相棒は必ずその場で、生でかじらせる。採りたてはアクがなく、みずみずしい香りが口中に広がるのを経験させたいからだ。ウドは老いが速いのだ。

豪雪の新潟湯之谷《ゆのたに》地方ではウドを野菜としてたくさん食べるので、強い香りとアクを極端に嫌い、キンピラ・煮物・味噌汁はすべてしっかりと茹《ゆ》でた後、水にさらしてから使う。それは味覚の問題だけでなく、村の年寄りから「アク（エグ味）は腰を痛める」と代々教えられているからだという。

「東京では生で食べるよ」と言うと、「なんてことを！」と腰を抜かさんばかりに驚く。

「山のものは一日経つと、五センチ山に帰って固くなるんよ」

ウドの茎を切りながらオバサンたちはつぶやいた。以来、私の道草料理ではウドは新潟流に茹でて下処理して使うことが多い。説得力があまりに強いということもあるが、アスパラのように軽く野菜感覚で食べられるのが嬉しいからだ。

秋山郷で囲炉裏《いろり》生活を続ける相棒の古い知り合いは、毎日民宿に野生ウドを卸《おろ》している。この地方では、ずんぐりした根元の白いものが香りがよくやわらかでアクが少ない最上品とされる。が、それを土産物店に持ちこむと、観光客は栽培ものだと思って買わないそうだ。緑色に長く伸び、トウが立って固くなったものを「本物だ！」と喜ぶという。「本当は美味くないのに……」と言いつつ、緑の長いウド採りに山に入って行った。

ちなみに、栽培ものは束になっても形や長さがそろっている。天然ものは大小不ぞろいなのは当たり前。購入の際は慎重に選んだ方が良い。

ヤマウド
ウコギ科　多年草

古くから食されている野草の代表。若い芽は柔らかく芳香があり、腐葉土が雪崩で堆積した斜面に出た芽が特に美味しい。

ノカンゾウ

買ってでも食べたい？ 信州の地の味

春は名のみの風の寒さや。信州八ヶ岳山麓は、三月を迎えてもいまだ見渡す限り枯れ野の世界が広がっている。

ある日、ススキ河原の陽だまりに小さな若草の群生が現れた。ノカンゾウだ。初々《ういうい》しい黄緑色の芽生えは冬の終わりを告げ、それを合図に大地は少しずつ可憐な花や草で覆われていく。

桜が咲く少し前には、日当たりのいい斜面や空き地はどこも、ノカンゾウのやわらかい緑でいっぱいになる。若芽は、ユリ科の仲間の「ヤブカンゾウ」や「ニッコウキスゲ」とそっくりだ。どれも食用で、優しい甘みとぬめりがワケギに似た、美味しい野草だ。

食べられるのは出たての若芽だけ。生長すると不消化と聞くから、期間は意外と短い。

甲信地方では昔から食用と知られつつ、食べたことがある人は意外にも少ない。人は、あまりにも多量にあると、その価値を低く感じてしまうものらしい。「ノカンゾウは家畜のエサだ」とまで言う人さえいる。

「こんなもの本当に食べるの?」とか、「美味しいって聞いたけど、食べないねぇ」とか。地元の人々は、「ここにいっぱいあるから、いくらでも採っていいよ」と笑いながら、休耕田を指さす。

　ある村で大僧正の歓迎に郷土料理でもてなした。メニューは、山採りの山菜天ぷらと長芋の味噌漬けに、酢味噌和えはノカンゾウの伸びた根元の白い部分を茹《ゆ》でたものだった。それは若芽とは違う食感と甘味のある風味で美味しく、村の婦人たちの温かい心尽しの味であった。

　近年、道の駅などでは若芽のパックが売られ、結構な人気商品である。店の前の空き地にびっしりと生えているというのに。私も友人たちへのお土産に摘んで持ち帰るが、みんな天然ものだと大感激してくれる。ただ、いまだに信州の人々は、都会の人がノカンゾウを買うのを信じがたいと言う。それほどまでに、彼らの里山にあふれているのだ。

ノカンゾウ
ユリ科　草本

姿は剣状の葉で、夏に橙色の花を数個つける。同属の「ヤブカンゾウ」は花弁が八重だが咲くまで区別はつかない。

マタタビ

猫が大好き、人には元気印

新潟の宿で、塩漬けマタタビの実を食べた。見かけは薄緑色で、塩気が強く、辛味とほろ苦さに薬効がありそうな独特のにおいがする。疲れた旅人が食べると元気になって、また旅が続けられることからこの名がついたという。説得力はあるが、当時若かった私には疲労回復も滋養も必要なく、複雑な大人の味も魅力がなかった。ただし、お土産に塩漬けのマタタビ瓶を買って帰った。

何年か経って、猫はマタタビが好きという話を聞いた。あんな味、本当に食べるのかなぁと、どうして好きなのか知りたくなった。若い母親だった私は近所の子供たちとは仲良しで、みんなに猫を集めてほしいと頼むと、三〜四匹も抱えてやって来た。猫の前に塩漬けマタタビの実を撒《ま》いて様子を見ると、ゴロリとひっくり返りその場を離れない。どの猫も実を食べるわけではなく、うっとりとした目をしてゴロゴロ転がっている。鳴きもしないし、奇妙な光景だった。

「そうだ、今度公園に撒いて、どうなるか見よう」

みんなが口々に言いだす。夏のある日、夕食後子供たち七、八人と公園の隅に実を撒いて、花火をしながら何かが起こるのを待った。が、九時を過ぎても猫一匹来なかった。この前との違いに、「猫がマタタビ好きって、やっぱり嘘なんだね」と口ぐちに言いその日は解散した。

ところが翌日、幼稚園のお迎え時、ママ友の話声が聞こえた。

「夕べは一睡もできなかったわ。夜中に猫が集まってニャ〜オ、ニャ〜オって鳴き声が凄くって。おじいちゃんが水をかけたけど、逃げないで明け方まで続いたの」

彼女の家は公園の隣だ。「やった！　成功だ」と「しまった！　ごめん」が、心の中で交差する。

初夏にマタタビの葉は半分白くなり、どこから見ても目立つ。盛夏に実を摘んで作る塩漬けは、鮭と相性抜群なのだ。マタタビの美味さがわかるようになったのは老いた証拠かもしれない。

マタタビ
マタタビ科
落葉蔓性木本

猫だけでなく人との関わりは古く、平安時代から鎮痛・滋養強壮に用いられた。山地に自生し、初夏に白い花を、晩秋に橙色の実をつける。

ワサビ

清流に息づく爽やかな緑

ワサビの葉の辛味おひたしに初めて出会ったのは、秋山郷の知り合いの家だった。家族で囲炉裏《いろり》を囲み、おじさんと話が弾むと、おばさんが笑顔でお盆にお茶とワサビをのせて現れた。その鼻にぬけるツンとした爽やかな香りと辛味は今でも忘れない。

辛味の出し方を丁寧に習ったが、あの味はついに超えられないままだ。この風味こそ雪国の春の贈り物だから。

八ヶ岳に山小屋を持ってから、毎年立春過ぎは雪の安曇野《あずみの》に出かけ、小さなワサビの新芽を買う。これがとびきり辛く、香りが良いのだ。ワサビ葉と根茎の辛味は、寒さに頑張ることで際立つらしい。霜が降りる直前の晩秋の新芽も抜群に辛いと聞いた。

春には中央アルプス渓谷《けいこく》に自生する野生ものを訪ねる。急流沿いに足場の悪い谷間の道を進み、滑りながら何度も川を渡り登って行くと、あちこちに白い可憐な花の咲く緑の塊が見えてきた。今年もまた会えた嬉しさがこみあげる。

野生のワサビは根茎が小さく、洪水や台風で流され消えてしまいやすい。何人かはここで収穫しているようだが、みんな丁寧に花芽や葉だけを摘み、根こそぎ採る人はいない。葉の辛味の出し方を知らず、茹でただけのおひたしはまずい。こうした条件が重なり、ひっそりと生き続けられるのだろう。

清流の音を聞きながら、爽やかで優しい香り漂うワサビを摘んでいると、心身ともに清々《すがすが》しくなっていく。自分の心まで洗われ、新緑の世界に生まれ変わるような至福を感じる。初夏になると葉は虫に食べられて穴だらけになってしまうから、短い旬を大切に味わう。

ワサビ葉の辛味を引き出す確実な「我が家流」の下処理法は、相棒のしつこい苦労の積み重ねからでき上がった。

今は時期ともなると、スーパーで手軽にワサビの花芽や葉が購入できる。この清涼感あふれる生葉の味を多くの方に味わっていただきたいと思う。

ワサビ
アブラナ科　多年草

長野・静岡が国内二大産地で、通年収穫は可能だが旬は冬。山間の谷川に自生するが生育条件が厳しく貴重。近年は栽培もある。

オオバギボウシ（コーレ）

茎だけ食べる、地方独特の道草の楽しみ

ギボウシは「ウルイ」とも呼ばれ、若芽は春の山菜として都会のスーパーでも売られて親しまれている。園芸用で庭にも植えられているので、ご存じの方もいるかもしれない。

味・香りともに淡白で使いやすいが際立った個性のない、どちらかというと地味な存在である。

ところが信州諏訪《すわ》エリアの人々は、若芽には目もくれず、大きく生長したギボウシの茎部分だけを「コーレ」と呼び、熱狂的に好んで食べる。他の地域ではこの食べ方に出会ったことがない。この地方では、初夏の農協には白く細長い茎が束になって売られ、地元のご婦人たちが次々と籠に入れ、買っていくから大した人気だ。

以前、きのこ師匠たちを誘って富士山麓に出かけたことがある。そこは日当たりのいい草原が果てしなく広がり、多くの人が道沿いに車を停めて遅れ気味のワラビやウドを採ってい

た。師匠は車を降りると驚嘆した。

「おぉ、コーレだらけじゃないか。なんてすごいところだ。よくこんな場所見つけたな！」

「前に山野草採りにきたの。私たち山菜採りは雪国に行くから」

説明する私たちを横目に、師匠は大きな肥料袋を出してきた。他の人たちは伸びきったギボウシになど目もくれないから採り放題である。師匠たちはギボウシの下の方をポキポキ折っては葉を捨て、茎を集めて束にしては袋に入れる。行く先々で大きな葉が山積みになっていく。たちまち肥料袋はいっぱいになった。大漁である。周りを見回す限り、葉の山は他には見当たらなかった。

その晩、私はコーレで、おすすめ料理の味噌汁、厚揚げと煮物を作った。コーレの味は淡白だが、キシキシとした独特の食感は若芽とはまったく別もので、初めてのものだった。同じ山菜でも、地方によって思いもよらぬ食べ方をするものだと改めて知った。

オオバギボウシ
ユリ科　多年草

山地に生息するほか観賞用に栽培もされる。春の若葉「ウルイ」から初夏の葉柄まで食せる。加熱後のぬめりとキシキシとした食感が特徴。

アケビ

雪国のほろ苦い故郷の味

アケビの身上は、春先の若芽（蔓《つる》）から秋の果実の皮まで「苦味」にある。

昔、新潟の秋山郷の雪解《ゆきど》けの山で、囲炉裏の家のおばさんがもんぺ姿に籠を背負い、仲間たちとアケビの蔓を摘むのに出会った。雪国ではアケビを「木の芽」と呼び、地域の大好物で道の駅にも売られる。

細いつる先だけを摘んで量を稼ぐには大変な根気がいる。彼女たちは爪先をアクで真っ黒にしながら長時間黙々と採り続ける。

翌日、相棒とともにおばさんの家を訪ねると、さっそく木の芽のおひたしで歓迎してくれた。シャキッとした歯ざわりだが、青臭いほろ苦さが際立つ。相棒は、故郷の味に大感激して舌つづみを打った。

新潟では「木の芽」だけを重宝し、秋は子供がおやつに果肉を食べるだけだそうだ。

秋が深まるにつれてアケビの実は美しい紫色に熟れていき、やがてパックリと縦に裂けて種だらけの白い果肉がのぞく。果肉は上品な和三盆のような甘さだが、何しろ種が多過ぎる。

私たちがきのこ採りに行く山道には紫色のアケビの実がたわわに生《な》っている場所があって、眺めるだけでも豊かな気持ちになった。きのこ師匠はそれを摘むと相棒や私に渡し、「食ってみろ。甘いぞ」と自分も果肉を口に入れ、プッププッと鉄砲玉のような勢いで黒い種だけ吹き出した。相棒も慣れた仕草で、上手に吹き飛ばす。私は口の中で甘い果肉と果汁だけを分けようとするが、舌がもつれて種が勢いよく飛び出さない。

「下手だなぁ。食い慣れてないな」と師匠は大笑いした。

アケビを料理に使う際は、実は割れる直前の紫色に熟れたものが良く、味は皮の苦みとの駆け引きだ。

山形ではアケビの果実料理が盛んで、茹《ゆ》でてアクを抜いたり、皮に詰め物をしたりと各家庭でさまざまに工夫をこらしている。穏やかにほろ苦さを楽しむ道草料理は皮の天ぷらがおすすめのひと品だ。

アケビ
アケビ科
つる性落葉低木

秋に実った灰紫色の果実が割れて白い中身が見えたら完熟の印。生の果肉のほか、皮を天ぷらなどで食べる。新芽はおひたしに。

山菜の簡単な扱い方
（ワサビ葉の辛味の出し方）

ワサビ産地では、各家庭で辛味の出し方が違うが、
簡単で失敗しない方法をご紹介する。
「ワサビ葉の辛味おひたし」はもっと簡単で、
鰹節をかけてシンプルに食べたり、
タコの刺身と和えたりと、いろいろ楽しめる。

材料

- ワサビの葉と茎〈花芽もOK〉……15枚
- 塩……15g〈大さじ1〉
- 湯……適量

作り方

1 ワサビを洗い、茎は4㎝に、葉は3㎝に切る。

2 ボウルに入れ、塩をまぶして軽くもむ。もみ終ったら30分そのまま常温で置く。出てきた水は捨て、ワサビ葉を保存器に入れる。

3 1に90度位の湯をひたひたに注ぎ、上面にぴったりラップをしく。

4 フタをして冷蔵庫に入れ、2時間半～3時間おいて、辛味が出てたらできあがり。そのまま冷蔵保存する。

ワサビの辛味蕎麦

辛味おひたしのワサビ葉を
たっぷり汁に入れ、蕎麦と一緒に
からめながら食べる、贅沢な一品。
ワサビの爽やかでクールな辛味に
食もすすむ。

材料

- ワサビの辛味おひたし
  ……………………適量〈多めが良い〉
- 冷たい蕎麦つゆ
- ざる蕎麦

作り方

1 冷たい蕎麦つゆを作る。そばを茹で冷やして盛り、辛味おひたしも十分に盛る。

2 ワサビ葉の辛味おひたしをつゆの薬味として、そのままたっぷりと入れる。蕎麦と一緒にからめながらいただく。

ワサビの辛味蕎麦

コシアブラのチャーハン

コシアブラのチャーハン

アクと香りの強い山菜は高温の油で調理すると
アクが和らぎ、香りが引き立ちます。
山菜天ぷらが美味しいのも納得。コシアブラは
生の採りたてを使い、野生の香りを楽しんで。

材料（2～3人分）

- ◆コシアブラ〈生〉……80g
- ◆焼き豚……80g
- ◆卵……2個
- ◆サラダオイル……少々
- ◆塩・コショウ・醤油……少々
- ◆冷やごはん……3カップ

作り方

1 コシアブラは小～中位の芽は洗って水気をとってそのまま使い、大きければ適当に切る。焼き豚は1cm角に切り、卵はほぐしておく。

2 中華鍋に油を熱し、生のコシアブラと焼き豚を入れ強火でさっと炒め、卵を入れてかき混ぜ、すぐご飯を入れパラパラになるよう混ぜ、塩・コショウで調味して火を止める。

山菜のペペロンチーノパスタ
（コゴミ・ワラビ・コシアブラ）

5月の連休の道の駅は山菜の種類が一番多いとき。
山菜いっぱいのパスタやチャーハンは春の恵みの
香りあふれる饗宴だ。1種類でも良いが、
種類が多いと変化に富み楽しい味わいに。

材料（2人分）

- ◆ コゴミ・ワラビ・コシアブラ……適量
- ◆ パスタ……200g
  〈2リットルの湯に大さじ1の塩を入れ、アルデンテに茹でる〉
- ◆ オリーブオイル　大さじ2
- ◆ ニンニク……大1片
- ◆ 赤唐辛子……1本
- ◆ ベーコン……70g
- ◆ ブナシメジ……50g
- ◆ 塩・コショウ・醤油……少々

作り方

1　山菜は各々必要な下処理をし、食べやすく切る。コシアブラは生で。ニンニクは薄切り、唐辛子は種を除いて輪切り。ブナシメジは適当に、ベーコンは1cm幅に細く切る。

2　フライパンにオイルを熱し、ニンニク・唐辛子、ベーコンを入れて焦げないよう炒めて香りを移す。ブナシメジと山菜類を入れ、塩・コショウ・醤油でしっかり味をつける。

3　アルデンテに茹でたパスタを、2に入れて和える。

山菜のペペロンチーノパスタ（コゴミ・ワラビ・コシアブラ）

コゴミの新玉ネギおろしドレッシング和え

コゴミの新玉ネギおろし ドレッシング和え

採りたてコゴミと旬の新玉ネギのコラボ料理。
パンチある爽やかで斬新な味わいと
色合いの美しさはコゴミ料理の新境地。
ドレッシングはトマトにも合い、冷凍保存可能だ。

材料

- ◆ コゴミ〈茹でてさらしたもの〉……200g
- ◆ 新玉ネギ　中１個〈160g〉
- ◆ 酢……30cc
- ◆ ニンニク擦りおろし……小さじ1/2
- ◆ 塩……小さじ1/4
- ◆ 砂糖……小さじ1/4

作り方

1 新玉ネギから砂糖までの全ての材料をミキサーにかけ、味を調節する。このとき好みでサラダオイル適量を入れても良い。コゴミを新玉ネギドレッシングで和える。

ワラビのポークソテー クロアチア風

クロアチア初のワラビ料理で、
一躍有名になったトップシェフ直伝のレシピ。
私の日本食のお礼にと、一緒に作った思い出の味。
ワラビをソースに使った、斬新でオシャレな料理だ。

材料（5人分）

- ◆ワラビ〈あく抜きしたもの〉……200g
- ◆長ネギ……大1本
- ◆酢・水……各250cc
- ◆タマネギ……1/2個
- ◆ニンニク……大1片
- ◆バター……20g
- ◆水……50〜100cc
- ◆ブイヨン……1個
- ◆豚肉ソテー用……1人前100g×5枚
- ◆塩・コショウ……少々
- ◆炒め用オイル……少々
- ◆マッシュポテト……適量

作り方

1 ワラビソースを作る。ワラビは2〜3cm長さ、長ネギは7mm幅の輪切り、タマネギは粗みじん、ニンニクはみじん切りに。

2 フライパンに大さじ1のバターを熱し、長ネギ・タマネギ・ニンニクを入れ弱火で炒めて水を入れ、ブイヨンで調味し、軟らかい蒸し煮にする。

3 最後にバター小さじ1を足しワラビを入れてざっと炒め、軽く塩・コショウする。

4 皿にマッシュポテトを盛り、その上にポークソテーを並べ、ワラビソースをかける。

ワラビのポークソテークロアチア風

行者ニンニク入りフォー

行者ニンニク入りフォー

行者ニンニクの香りを
手軽に楽しめる料理。生で使うが、
スープが熱いので、レアに火が入る。
熱々のラーメンやワンタンスープなどに
生で刻んで散らしても美味しい。

材料

- 行者ニンニク〈生〉………… 適量
- インスタントフォー
- 蒸し鶏
- 海老
- もやし

作り方

1 行者ニンニクは洗って水気を切り、1cm幅に切る。

2 蒸し鶏は適当に裂き、海老は茹でて皮をむく。もやしはさっと湯がいて水に放ち、シャキッとしたままザルにあげておく。

3 インスタントフォーを作り、2の具材をのせたら行者ニンニクを散らす。

マタタビの塩漬けと鮭のおにぎり

疲労回復など元気印の薬効で
知られるマタタビ。塩漬けにする実は
未熟な緑のどんぐり型のものを使う。
酒のつまみに。鮭とコラボのおにぎりは、
絶妙な相性で深い大人の味。

材料

◆ マタタビの塩漬けの実
- ・マタタビの未熟な実……250g
- ・塩……75g
- ・水……250cc

◆ 焼き鮭
◆ 炊きたてご飯
◆ 塩
◆ 焼き海苔

作り方

1 マタタビの塩漬けを作る。塩と水を一緒に煮溶かし、冷ます。保存瓶に洗った実を入れ、塩水を注ぎ、表面をラップで覆う。1週間後から食べられるが、塩が強かったら、水に漬け、調節する。

2 鮭は焼いたら、骨を外して大きめにほぐす。鮭とマタタビの実を一緒に具にし、炊いたご飯とおにぎりにする。

3 食す直前に海苔を巻く。

マタタビの塩漬けと鮭のおにぎり

第4章
山暮らしの冬生活

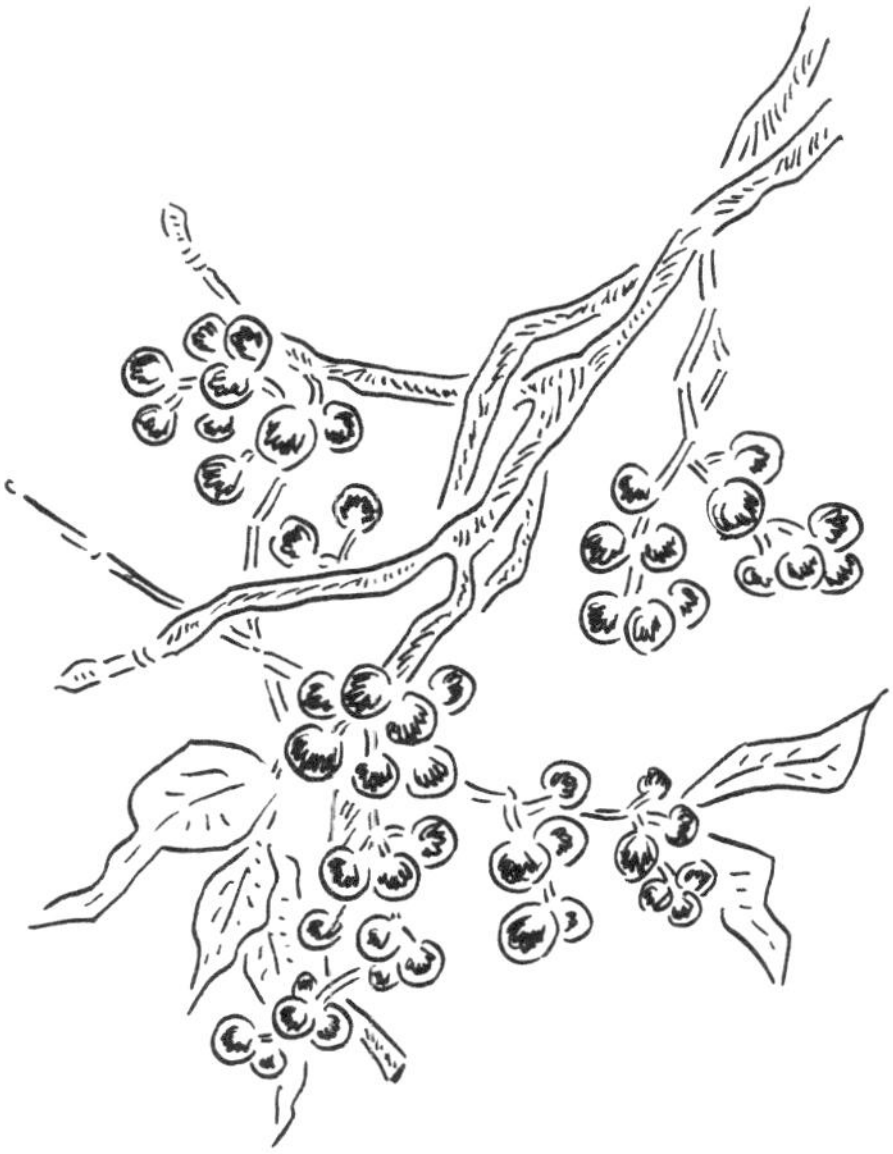

八ヶ岳 冬の山里生活

保存食のお話

春の桜、夏の避暑、秋の紅葉と、八ヶ岳を訪れる観光客は多い。スキー・スケートも盛んだ。

しかし、冬の八ヶ岳は別の顔を持つ。マイナス二〇度の寒さとカラカラに乾燥した空気、青空と真っ白の雪山。粉雪が舞い散る日もある。少し温度が下がると昼間解けた雪が凍り、町も山も道路はスケートリンクに変わる。一〇〇〇メートル以下の地域は昼間の陽ざしで寒さは緩むが、それ以上は凍りっぱなしだ。ちなみに私たちの山小屋は一四五〇メートル地点で、業務用保存冷凍庫をご想像いただきたい。

この気候に生き抜くため、八ヶ岳諏訪《すわ》地方では独特の保存食品文化が育った。そのいくつかをご紹介しよう。

◆のどに優しいカリンのおやつ

この地域で「本カリン」と呼ばれるマルメロの砂糖漬け。今のリンゴ農家は昔ほとんどがマルメロ栽培をしていた。半世紀前まではどの家庭でも砂糖漬けを作り、子供たちのおやつだった。マルメロから出るエキスは香り良く、真冬のカラカラのどが本当に潤う。この砂糖漬けシロップに家族が何度救われたことか。

作るのは手早さが大切。手順が悪いとアクが出て褐色になる。単純な作業だが作り慣れた職人技なのだ。諏訪湖の周りや安曇野の街路樹はマルメロが植えられ、季節には袋がけしてある。観光用に砂糖漬けや加工品が売られていて、家庭で作られなくなったのは残念だ。東京のツルツル皮のカリンとマルメロは別もので、属も種も違う。間違えないで。

◆八ヶ岳の野沢菜

今でも冬用に家庭で作られるのは、野沢菜、沢庵《たくあん》、赤カブなど。漬け物の味はすべて〝メッチャ〟甘い。知人が、炊いた赤飯に甘納豆を袋ごと入れたのには気絶するほど驚いた。冬以外の漬け物、ラッキョウ、セロリ、ウリ、新生姜など、粕《かす》や味噌の傍に砂糖の山積みがあり、地元の人たちが一緒に買う。友人たちは「甘いの、だぁい好き！」と、にっこり。

さて、野沢菜だが、この地方は干し柿作りで剥《む》いた皮（乾燥）を入れる。甘さを補うそうだが、市販品の柿の皮は市田柿のものらしい。廃棄せず、の「もったいない精神」である。相棒も野沢菜漬けを何年も作り続けて屋内保存したが、東京に戻っている間に箱ごと完全冷凍状態になり、春まで解けない。発酵どころか凍りづけになる。恐ろしい寒さだ。

◆干し柿作り

八ヶ岳の里では、渋柿がある家の多くの軒先《のきさき》には干し柿のれんが下がっている。相棒も作った干し柿をベランダに吊るしていた。……が、何か変だ。毎日一個ずつ減っている。相棒に「お前、食ったか？」と言われ、疑われた私も「失礼ね！　誰ができあがってない柿なんか食べるか！」と反撃。しかしよく見ると、ベランダの階段には鹿の足跡が点々とある。翌日、残りをネットに入れたがすぐ破られ、空っぽだった。

「鹿だけじゃないな。他の小動物も山に餌がなくなって、来てるんだ」

以後、渋柿は東京へ持ち帰って八つ切りを干してドライ柿にするが、孫にはこの方が人気だ。

◆凍《こお》り餅《もち》作り

何年か前、キッチン改造したワゴン車で全国を走り、プロが地元素材で料理するという番組があった。八ヶ岳からは地元のおばさんの「凍り餅」が取り上げられた。私の知らない食べ物だった。偶然にも友人が作り手のおばさんと知り合いで、「あの人は畑の隣に住む人だから紹介するよ」と言ってくれた。早速訪ねると、テレビで見た通りの腰がひどく曲がったおばさんが出て来て言った。

「お前さんは凍り餅食べたいんか？　作りたいんか？　じゃ、明日、昼過ぎに来て」

私はレシピメモの用意をして、相棒に写真を頼み、翌日おばさん宅に出かけた。おばさんの台所の床には大きな木鉢と米粉の大袋があった。私は床に散らかった雑巾を片っ端から洗って絞る。「おいおい、それは私がまな板使うのに置いてるの。この身体だから、床で料理するの」。ほぼ九〇度に腰が曲がったおばさんは、調理台で包丁を使えない。床に雑巾を重ね、まな板の台にしていたのだ。

「あ、ごめんなさい！」と、私は元通りに雑巾を床に敷き直した。

「じゃ始めるよ」と、おばさんは使いこんだ升《ます》で計り粉を鉢に入れる。次にやかんの熱湯を少しずつ注ぎ、箸を何本かまとめて、激しく手早く混ぜると、モコモコの生地になった。

「お湯、何シーシー？」「わからん、あんべえだ」

作業は床の上で続く。

「さぁ、急いで！　これを混ぜるんだ！」「えぇっ、私が？　熱いじゃん！」「大丈夫、そこの冷たい手水つけてやればいい。急げ！」

素手を突っ込んだが、「アッチチチ！」と叫ぶほど耐えられない熱さ。おまけに生地が手にペッタリと着き、手のひらが真っ赤だ。その間、おばさんはすごい速さで手を冷やしては生地を混ぜるのを何回も繰り返す。職人技だ。その後生地を茹《ゆ》でて、すりこぎで潰し、つなぎの餅水を入れ、また熱い生地を素手で混ぜ、砂糖を混ぜるとプレーン生地ができあがった。コツも何も、ここまで「地獄の熱さ」しか記憶がない。

生地を分け、手作り金柑ピールを混ぜる。ほっとして初めて美味しそうだと思った。ポイントを聞くと「あんべえだ。けどお前さんとこ作っても無理かもよ」と言う。

「凍り餅は寒天と同じ。溶けたり凍ったりの繰り返しで、フカフカになる。山じゃ凍りっぱなしだ。じゃ、伸ばすよ」

おばさんは庭に出て、厚い一メートル四方の板を持とうとした。「私が持ちます」と慌てて庭に出るが、板は意外と重い。それを見ておばさんは背中に板を背負った。腰の角度で板は平らになり、おんぶして歩き、庭の台に乗せる。私より力持ちだ。

長いめん棒で、今度は私が生地を伸ばした。このまま一晩外で凍らせてから小さく切る。大ザルの上に肥料袋を広げ、凍り餅を並べて外の物置に置く。二ヶ月くらい解けたり凍ったりすると、水分がぬけてサクサクの凍り餅になるそうだ。

気づくと猛烈な寒さだ。おばさんは割烹着一枚だが、ケロッとしている。私は寒さで震えが止まらない。座敷に上がると、手作りお茶菓子が用意されていた。

「ごくろうさま。お茶をどうぞ。これはうらなりの干しカボチャ。これは熟れ過ぎ干しプルーン。普通捨てるものだけど、工夫すれば美味しくなるの」

そういえば、庭の大ザルにいろいろな野菜がたくさん干してあった。カボチャもプルーンも干したせいか、自然の甘さが濃縮されている。「もったいない精神」に頭が下がる思いだ。

「この前テレビの人に招かれて、初めて東京へ行ったの。みんな急ぎ足で歩くし、階段が多くてつらかった。私みたいに腰の曲がった人は誰もいない。なぜ？　私は二〇歳で菊農家に嫁いで、一生懸命菊を摘んでたらこうなったの。凍り餅は私のお母さんの味。物のない時代に一生懸命、子供たちのために作ってくれたおやつなの」

今は八ヶ岳でおばさん以外に家庭で凍り餅を作る人はいなくなったそうだ。

杏仁子（ウワミズザクラ）

香り高い和製アマレットディサローノ

杏《あん》仁子《にんご》との出会いは新潟の土樽山荘。夕食の焼き魚の添えものに、小さな稲穂そっくりの姿をした茶色の漬け物がついてきた。塩は強かったが、桜餅の葉に似た芳醇で優雅な香りが口中に広がった。その驚きと感動は、今でもありありと蘇《よみがえ》る。それほど漬け物としては異色の一品だった。

あるとき相棒が、新潟銀山平のお土産に「杏仁子酒」というお酒を買ってきた。見た目は素朴だが、飲んでみて「何これ？　アマレットじゃないの？」と驚きの声を上げてしまった。

イタリアのリキュール、アマレットディサローノに似た高貴な香りがしたのだ。

「いや、これは杏仁子の実を漬けた地産の酒だ。土樽で漬け物を食べただろ、あの実だ。アマレットはアンズの種を漬けたものだから、親戚かな」と相棒は言う。山で杏仁子の樹を見たことはあったが、雪国だけのものだからと料理に使うことは諦めていた。

秩父の散策で、杏仁子の樹を数本見つけた。ここでは本名のウワミズザクラと呼んでいるらしい。飯能や武蔵野の都市近郊の雑木林でもたくさん見つけた。

五月の連休に高速道路を走ると、関越でも中央でもコップブラシのような白い房状の花が満開なのをあちこちで車中から見ることができる。この時期、白い花を目印に杏仁子の樹の場所を身近に憶えておくと、この後多くの愉しみが待っている。山椒（Ｐ84参照）と同様、季節の移ろいとともに姿を変えて自然の幸《さち》を贈ってくれる樹だ。

春、出たてのやわらかい花穂を軸ごと手折《たお》って集め、早々に濃い塩水漬けにする。新潟・山形の道の駅ではこれを瓶詰めにしたものを「杏仁子漬け」として売っている。塩加減は、使う時に塩出しで調節する。

晩春には家族で行く春を偲《しの》びつつ、香り茶漬けを味わう。真夏には実が黄から赤と色づき、やがて赤黒く熟れてポロリと落ちる。この実を集めてリキュール漬けにすると、最高の手作りの和製アマレットディサローノを楽しめるのだ。

杏仁子
バラ科　落葉高木

「ウワミズザクラ」。若い花穂と実部分を漬けると杏仁の香りがするのでこの名で呼ぶ。新潟や山形では花穂の塩漬けをよく食す。

木苺

幼心を刺激する可愛い道草

冬の森に木苺摘みに行くロシアの童話は、幼い頃の私のお気に入りだった。民族衣装を着た女の子が、籠に木苺を摘む挿絵は、今でも鮮やかに心に浮かぶ。

あれは冬に採れる「フユイチゴ」の話だったのではないか？　と思いいたったのは近年のことだ。子供の頃の私にとって「木苺」といえば遠い外国の憧れの存在だった。

時は流れ、新潟の土樽冒険学校に参加した次女が、帰宅して興奮気味に言った。

「ママ、先生と友だち少しで散歩に行ったの。そこは木苺のトンネルが続いて、みんな摘みながら通ったの。真っ赤で甘くて、すっごく美味しかったよ。でも秘密の場所なんだって」

翌年、新潟へ夏の家族キャンプに行く際、私はタルト型だけ焼いて持って行くことにした。木苺は田舎育ちの相棒がすぐ見つけた。真っ赤な実は、触るとポロっと落ちるものが完熟で甘い。想定外は茎の棘《とげ》で、薄着の子供たちをチクチクと攻撃する。実を一つ採るのにも大騒ぎで、なかなかタルト一杯分集まらない。見た目は寂しいが、プチプチとした食感と野生の甘酸っぱさや香りが口中に広がって、木苺のタルトは贅沢《ぜいたく》な夏の思い出の味となった。

梅雨の頃、秩父では道端のヤブにいろいろな木苺が絡みつくように生えているのを見つけた。木苺はこんなにも種類があるのか。実の色は赤が多いが、黄色やオレンジ系ととりどりで、粒や葉の形、茎や棘もそれぞれ違う。木苺に毒はないといわれているが、摘むと甘味や酸味、種の硬さ、味の濃淡、苦さ、美味さもまずさもさまざまだ。木苺らしい美味しさは、意外にもオレンジ色の「モミジ苺」にある。葉がモミジに似ていて、実はすっきり甘い。トンネル木苺はクマ苺らしい。

クロアチアで、きのこ仲間にロシアの木苺の写真を見せられたことがある。地平線まで延々と広がる真っ赤な野生の木苺原野。それを背景にして、二〇個以上の大容器に山盛りの木苺のかたわらで微笑む少女。ロシア、ハンパない！

仲間は、「すごいだろう。ロシアはきのこも木苺も宝庫だ！」と。世界は広い。

キイチゴ（木苺）

バラ科　常緑低木

キイチゴ属は分化が激しく世界中に五〇〇種ほど分布。日本の「木苺」は野イチゴを指すことがほとんど。白い五枚の花弁で、夏に実をつける。

栗と山栗

秋を愉しむ定番

子供の頃、栗の木は生家の裏庭にもあったが、栗拾いの楽しさを知ったのは友人の栗林でのことだ。秋になると、「栗が落ちはじめたわよ。みんなで拾いにおいで」とお誘いが入る。

二軒の子供たちは、イガを踏み開けるために長靴を履き、栗の実を取り出すトングを持って集まる。

彼女が棒で枝を突くと、イガと一緒にパラパラと栗が落ちてきた。イガの中の栗はトングで摘まみ出す。落ちたての栗は光沢があって、パンパンに膨らんでいる。子供たちは夢中で拾うが、時々頭上から「イガ爆弾」が落ちてくるので、油断ができない。大収穫だったその日の夕飯は、友人宅も私の家も、ともに栗ご飯を堪能した。

八ヶ岳の観光道路には、あちこち山栗が落ちていた。山栗は小さく虫食いも多いが、味はコクがあり格段に甘い。栗拾いをしようと屈むと、落ちているのは虫食い栗と空のイガばかり。

翌日早朝に、宿の主人が率いる数人の栗拾いグループに出くわした。地元の人は食べるのが面倒と見向きもしない山栗だが、都会人にはツアーになるとは。でも皆楽しそうだ。

毎秋私たちが訪れるクロアチアの森は、籠を持ったきのこ採りと栗拾いの人たちで大賑わいだ。秋の光で黄金色の森には、時折パラパラパラパラと栗が弾けてこぼれる音が響く。

親友のムラデンは道脇のポルチーニ茸《だけ》を探しながら、妻ジェシカに頼まれた栗を拾う。ジェシカ特製の栗菓子を私たちにご馳走してくれるために。それはチョコ生地と栗が重なる手のこんだ一品で、天然栗の野生的で優雅な香りが活きるジェシカ心尽しの味だ。

クロアチアの秋の収穫祭には必ず焼き栗が出店する。きのこ祭りの担当者はその日のために森で大量の栗を拾い、当日は大きな鉄板でダイナミックに栗を炒る。少し焦げた焼き加減も香ばしい。

その翌日は隣村の栗祭り。老若男女が白い民族衣装を身にまとい、小さな教会の庭に集まって、郷土音楽と踊りで秋の実りを喜びあう。

栗と山栗

ブナ科　落葉高木

秋の訪れを告げる木の実。神社や雑木林などで容易に見つけられる。山栗は市販の栗より小粒だがコクがあって甘い。

ヤマブドウ

熊も心待ちにする完熟の宝石

ヤマブドウの大きな葉と蔓《つる》が他の木に絡みついている様子は、山ではよく見かける光景だが、実をつけているのは意外と少ない。八ヶ岳の山小屋の庭でも、毎秋美しい紅葉を彩るが実を見たことがない。

昔、八ヶ岳美濃戸の日当たりのよい川沿いで、たわわに実るヤマブドウを見つけた。有るところにはあるものだ。しかし、登山道なので誰もヤマブドウなど見向きもしない。

その株は毎年確実に実がつくので、場所を覚え、晩秋に紅葉した葉が散りかかる頃に訪れるようにしている。高いところの房は相棒が長い鎌で手繰り寄せて採る。

房全体が黒光りする黒紫色になって、触るとポロっと実がこぼれるくらいが完熟の状態で、味が最高になる。野生の力強さ、スチューベン種のブドウに似た濃厚な甘さと香りがあり、酸味もほどよい。天然ものならではの味だ。

一度、少し黒づいた若い実を口に入れてしまい、身震いするほどの酸っぱさを味わったことがある。以来懲《こ》りて、完熟を慎重に確認して採ることにしている。

ヤマブドウは、新潟、群馬のブナ林の日向の山道に多く生えている。夏に奥利根《おくとね》のブナ原生林を山歩きして、ヤマブドウの緑の実を見つけた。秋のきのこ採りの際に何回か立ち寄っては、完熟の季節をじっと待った。実の色づきとともに、葉も緑から赤へと美しく移り変わり、「さぁ、来週は採り頃だ！」と楽しみに出かけた。すると、蔓は何者かに引っ張られて切れ、あちこちに少し黒い実が残った房と、枯れかかった葉がぶら下がる無残な姿になっていた。熊が来ていたのだ。この株に美味しい実がつくことをずっと前から知っていて、熟れて甘くなる日を心待ちにしていたのだろう。

ここは熊の住処《すみか》なのだ。だから、森の住人が採るのは当たり前。そう思うと、不思議に残念な気持ちは湧かなかった。

ヤマブドウジャムは、実を冷凍してから煮ると皮がやわらかくなり作りやすい。ジュースは生ではなく、まず実に火入れして色止めすると美しく発色する。

ヤマブドウ
ブドウ科
蔓性落葉低木樹

日本に野生するブドウの代表格で、実は甘酸っぱく生食も可能。実をつける株は少ない。冷涼地を好んで自生する野生種。

柚子《ゆず》

捨てるところのない果実は冬の定番

武蔵野地域や秩父地方の古い農家には、家の歴史をずっと見守ってきただろう柚子の大木が多い。「桃栗三年柿八年、柚子の大馬鹿一八年」と言われるほど、本柚子は実を生《な》すのが遅いことで有名な木だ。友人宅の庭にも、昔は柚子や柿の木があったが、大きくなり過ぎたために剪定《せんてい》されてしまった。

農家に残った柚子は梯子《はしご》をかけ手が届く範囲の実を収穫するが、高くて採れないものはそのままにする。残された実は、やがて腐って地面に落ちる。

自然に育った実は、形は不ぞろいで傷みも多い。そういった実は、晩秋から農家の庭先や道の駅で破格で安く売られる。私は年末の買い出しで何キロも購入し、実は手搾りの柚子酢やジャムに、残った種は保湿液に、と丸ごとあますことなく利用している。

日本人の多くは柚子が大好きで庭を持つ人は植えたがる木だが、ことわざどおり、何しろ実がつくまでには長大な時間がかかる。そこで最近は、小さいけれどすぐに実が収穫できる、小柚子《こゆず》が庭木として人気だ。本柚子はみかんサイズだが、小柚子はピンポン玉ほどの大きさで、木にびっしりと生ってたくさん収穫できるのが魅力。

友人が園芸店で本柚子だと思って買ってきた苗木は、秋についた実を見ると小柚子だった。以来、あまりの収穫量に毎年おすそ分けにとたくさんの実を頂く。とにかく数が多いので、きっと採るのはひと仕事だろう。

本柚子はそのまま煮るが、小柚子は皮が硬くしっかりしていてアクも強い。そのため、ジャムを作るには皮を最低三回は茹《ゆ》でこぼさないと、かなり苦いものになってしまう。

本柚子は、上品な香りが活きた優しい風味のジャムになる。一方、小柚子は少しの苦みが残る大人のマーマレード。

私は毎年クロアチアへのお土産に、ジャムと柚子の焼き菓子を持っていく。その香りはみんなに喜ばれ、心待ちにしてくれている。粉末柚子も人気だが、柚子の木はクロアチアにはまだないようだ。

柚子
ミカン科　常緑小高木

生産量・消費量ともに日本が最大の柑橘類。一般に出回っているのは本柚子で、花は五～六月に咲き、実の収穫は八～一二月。

クロアチアの道草生活紀行

ここ数年、秋は二、三週間ほどクロアチアできのこ仲間達と過ごすのがライフワークになった。始まりはひょんな事からだった。仕事が忙しく、久しぶりに八ヶ岳の山小屋に来た息子が、「ママ、どうせ秋にクロアチア行くなら、そこのきのこを見て来たら」と言ったのだ。

「そんな、きのこを見つけるのは日本でも大変なのよ。無理、無理」

私は即座に言ったが、息子はパソコンで何か探し、「なんか、きのこ祭りがありそうだ」と言う。のぞくと、大きなきのこの看板を背に、大勢の人たちがきのこ籠《かご》を抱えて笑顔のページが、目に留まった。それから息子は、そこに出ている人全員に英語でメールを送った。

「両親はきのこが大好きで、誰かクロアチアきのこの撮影に案内していただけますか?」

一ヶ月ほどして「今、グループでどう対応するか相談しています」と返事が来た。その後

「お受けします。英語が話せるムラデンが案内します」とのこと。きのこ祭りの人々はマグレンというきのこグループだった。

◆ムラデンとの出会い

クロアチア行きは相棒にとって二回目。前回はボスニア紛争の取材で、国連機で戦場を飛んでいる。相棒は旧ユーゴスラビアへ、今はきのこ撮影で行く平和を感慨深く思っていた。ちなみに相棒の英語は小学生レベル。だから勤務先だった出版社は英語圏以外の仕事を多く頼んだのだ。

ザグレブの民泊に現れたムラデンは、細身の物静かな紳士だった。彼はきのこの国家ライセンスを持つ見極めのプロだ。一日に採る量は籠一杯、絶滅危惧種は採らない、といろいろなルールを教えてくれた。が、グループの幹部やボスのクルーノも話すのはクロアチア語だけで、初めはすべてに緊張した。森のきのこ採りの後、ムラデンに「地方のナシッチにきのこ山荘があって、ヨーロッパ中からきのこの勉強に集まる。一緒に行かないか？」と突然誘われた。別れ際に、私たちはムラデンの目に涙を見た。来年も来ようと決心したのはこの時だった。その後メールでお互いの気持ちが確認できるようになった。

◆ナシッチのきのこグループとフルブィエ

クロアチアには五〇を超すきのこグループがある。フルブィエが率いるのは国内最大の人数二〇〇人を誇る。彼は二メートルを超す大男で、ムラデンはナシッチの実力者だと言う。彼はダイナミックなサプライスが大好きで、私たちは何度驚かされたことか。

きのこ山荘での歓迎会でも、鯉の遠火焼きや、子豚の丸焼きが用意される。私も天ぷらを揚げた。食べることは会話より饒舌で、たちまち仲間全員と仲良しになれた。

一番驚いたのは、フルブィエの個人動物園だ。すべてをたった二人の飼育員が管理する。サービスなのか、ライオンの檻に入った飼育員が手招きした。

「それは勘弁！」

私が言うと、今度は三メートルのアルビノのニシキヘビを持ち出す。これは大丈夫。私が首にかけると男たちがオーッとざわめく。相当重い。動物園もきのこ山荘もフルブィエ一人で運営しており、街で出会った多くの人が、フルブィエを見ると親しげに寄ってくる。障害のある子も、不自由な身体で嬉しそうに抱きつく。彼はニコニコとそれに応じていた。

彼の采配で、全国ネットのテレビにも出演した。ムラデンが通訳したが、我々は「日本のきのこ大使」らしい。翌日は市長とも会談、終始きのこ話だった。

フルブィエ主催の「きのこエキシビション」がある。仲間全員で山に入り、展示きのこを探したが、集まりは悪い。ここに多種類のきのこを大量に持ち込んだ男がいた。彼こそ「きのこ王」ヤーパだった。展示会は公民館で、フルブィエが各種の特徴や見分けなど、丁寧に説明する。相棒も実物とクロアチアきのこ図鑑とようやくこれで一致、少し理解できた。

◆クロアチアの家庭料理

クロアチアのきのこ仲間の家庭は、当然のように食前酒「ラキア（度数四〇）」からすべてが手作りだ。私が料理好きと知って、ムラデン夫人のジェシカは仕事の合間に、毎日ランチとデザートを手作りし、作り方を教えてくれた。彼女の味は美味しい上に優しく、心安らぐ。パスタも手作り、パイは庭のリンゴを使う。グラーシュ（シチュー）も自宅のパプリカ、ロールキャベツも丸ごと自分で酢漬けしたキャベツを使う。彼女の手料理のおかげで私はほとんどの郷土料理に出会え、日本で再現できるまでになった。本当にありがとう！

私が「日本では恵みに感謝して『いただきます』と手を合わせるの」と言うと、ジェシカは「私たちも同じ。神に感謝していただくの」と十字を切った。それからムラデン一家との食事はそれぞれ感謝の祈りから始まるようになった。

◆**きのこ祭り**

祭りの日、仲間は朝早くから集合し、料理作りが始まる。定番はリゾットとチョバナッ(肉シチュー)。どちらも山採りのポルチーニや黒ラッパタケを使う贅沢料理だ。マグレングループのボスのクルーノは仲間へのワインやツマミ手配、挨拶周りで忙しい。

会場は地元野菜や手作り菓子、揚げパン、手作りチーズやソーセージ、老夫婦の郷土玩具、刺繍などの出店が並ぶ。顔見知りの焼き栗婦人達に挨拶すると、相変わらず籠いっぱいにきのこを飾っている。会場に楽団が到着すると、音楽に合わせ踊る人も出てきた。子供達用に馬が引く昔ながらの本物の馬車も来た。民族衣装の御者が子供達を乗せる。木製のメリーゴーランドも可愛い郷土玩具の形だ。

やがて首都ザグレブから祭り限定のきのこ列車が到着し、大勢の人々が籠を抱えてやって来た。みな裏山にきのこ採りに向かうのだ。採ったきのこは鑑定して、展示会に出すとシチュー券がもらえる。籠を持つ子供の数も多い。地域ぐるみのきのこ学園祭のようだ。とにかくスゴイ熱気と人の数だ。きのこはオタクじゃない、この国の文化なのだ。

◆**クロアチアの自然と人々**

ムラデンのおかげで、イストラ地方のグループのボス・マリーノにこの地域のきのこを案内してもらい、仲間の船長の好意で牡蠣とムール貝の漁船にも乗ることができた。昨年はブラチ島のマリオに、痩せたカルスト台地に生えるきのこも出会わせてもらった。きのこ仲間はいつもきのこ探しで森や野原を歩くので、道草の知識も豊富だ。

森には野生のブルーベリーが地をはって生えている。

「季節にはこの実を摘んでジャムを作るんだ。ラキアもね」と、ムラデンは言った。

マリーノ夫人は海辺の松林で、野生のアスパラガスを摘んだり、木の実を採っては私の口に入れる。私も日本でおなじみの道草を見つけると、彼らに食べ方を話す。

クロアチアではハーブも道草。時々仲間は草を摘んで、「これ、わかる？」と、私を試す。日本と姿が違うものもあるが、野生のセージ、タイム、ローズマリー、ラベンダーを香りだけで正解できた。道草交流だ。

森でフキを見つけた。昔クロアチアに移り住んだ日本のお婆さんが、フキ味噌を作っていたそうだ。香りは思い出を誘う。彼女はどんな想いでフキノトウを摘んだのだろう。

クロアチアの自然は確かに美しい。アドリア海の青、緑の丘に赤い屋根の民家と教会。オークの森の輝き。でも本物のアドリア海の真珠は、クロアチアの美しい人々の心だと、相棒も私も感じている。

ワラビの
簡単キムチ漬け

八ヶ岳はワラビが多く、道端で採れる。
アク抜きワラビをキムチの素で簡単漬けにした。
ワラビの食感と辛味が調和し、
若い人達に絶大な人気だ。
私の自慢のオリジナルレシピ。

材料

- ◆アク抜きしたワラビ……適量

キムチ漬けの素

- ◆キムチの素……200g
- ◆砂糖……大さじ2
- ◆すりゴマ……大さじ1
- ◆ゴマ油……大さじ2
- ◆ニンニク擦りおろし……小さじ1

作り方

1 ボウルにキムチ漬けの材料をすべて入れ、混ぜ合わせる。アク抜きして水気を取ったワラビを3cm長さに切り、全体を混ぜ合わせる。ここでワラビの水分が少し出る。

2 保存容器に入れ、上面をラップでピッチリと覆う。2～3日で味がなじむ。冷蔵保存する。

フキノトウの
ピクルス

春の香りいっぱいの長期保存できる、
簡単フキノトウのピクルス。ほろ苦さと香りは
甘酢と合う。そのままおつまみに。
刻んで混ぜたポテトサラダは教室でも人気。
いろいろ、楽しんで。

材料

- ◆フキノトウ……適量

ピクルス液

- ◆酢……750cc
- ◆砂糖……150g
- ◆水……750cc
- ◆塩……大さじ2

作り方

1 つぼみは完全に葉を開く。塩入りの湯を沸騰させ、下処理したフキノトウを入れる。箸でかき混ぜながら再沸騰まで茹で、火を止めて水でさらす。苦みの好みで時間を調節する。

2 ピクルス液全ての材料を鍋に入れ、一煮立ちさせて冷ます。1の水気を切り、固く絞る。

3 保存瓶にフキノトウを入れピクルス液を注いだら、表面に空気が触れて変色しない様ラップで覆ってから蓋をする。常温で数日漬けた後、冷蔵庫で保存する。

ワラビの簡単キムチ漬け

フキノトウのピクルス

杏仁子酒

アマレットそっくりの高貴な香りを
持ちながら、ワイルドな強さもある。
味・香りいち推しのおすすめ果実酒だ。
食前酒にも、アイスクリームにかけて
大人のデザートにも楽しめる。

材料

- 杏仁子の実……100g
- ホワイトリカー……250cc
- 氷砂糖〈グラニュー糖〉……25g

作り方

1 杏仁子の実は穂から外し、洗って、水気を完全にふき取りビンに入れる。

2 ホワイトリカーと氷砂糖を1に入れて蓋をし、冷暗所に置く。

3 1年程で赤ワイン色になってできあがり、飲める。そこで実を取り出し、常温保存する。

ニセアカシアの花の甘酢漬け

ニセアカシアの花は
房からポロポロと落ちる最後の頃、
淡く薄桃色に変わる。このときが一番
アカシアの香りが強い。これを甘酢に漬けると
ピンク色の花の可愛いデザートになる。

材料

◆ ニセアカシアの満開時の花 …… 適量
◆ 塩 …… 10g
◆ 砂糖 …… 60g
◆ 酢 …… 90cc

作り方

1 塩・砂糖・酢を混ぜ合わせ、甘酢を作る。保存瓶に生花を入れ、甘酢を注いで、上面をラップで覆う。2日経ったら上下混ぜ合わす。酢が3日くらいからピンク色になってくる。

2 5日程経ったら食べられる。1ヵ月経つと色は少しくすむが、アカシアの香りは強い。甘く、花のシャキッとした食感と強い香りはピクルスと別の酒つまみにも最適。

杏仁子酒

ニセアカシアの花の甘酢漬け

桑の実ジャム

気づけば、桑は都会でも里山でも、日本中どこにもある。運良く見つけたら、初夏に黒く熟れた実を摘んで、ジャムを作ろう。野生ベリー特有の濃厚な香りと甘さは、幸せなときを運ぶ。

材料

- ◆桑の実……500g
- ◆砂糖……150～200g
- ◆レモン汁……大さじ1～2

作り方

1. 摘んだ実は洗って鍋に入れ、砂糖とレモン汁をまぶし1時間置く。
2. 水気が出てきたら火にかける。沸騰後は弱火にし、アクを取りながら実がくずれ気味になるまで煮る。味見して砂糖とレモン汁で調節。粗熱を取る。粗い網でこし、実の柄を除く。
3. こしたものを再び火にかけ少し煮つめる。冷めて時間がたつと甘味が落ちるので、このときは少し甘いと感じる程度が良い。実の甘さはその年の天候で変わる。

ヨモギの
和風マフィン

ヨモギのお菓子は草餅が定番だったが、
近年は洋菓子やパンにも人気だ。
ヨモギペーストは冷凍保存できるので
入れる量は春先の淡い香りの葉は多め、
生長した強い葉の場合は減らすなど調節すると良い。

材料（大6個分）

- ヨモギの葉ペースト……100g
  〈120gの生の葉を茹でてさらし水気を絞る〉
- 卵……1個
- 砂糖……40g
- 牛乳……200cc
- 薄力粉……200g
- ベーキングパウダー……大さじ1
- 溶かしバター……30g
- 甘納豆……100g

作り方

1 ヨモギの葉は茹でて水にさらし、水気を絞ってカッターにかけペーストにする。甘納豆はまわりの砂糖を洗い落とし、水気をふいて、粉の一部をまぶす。

2 ボウルに卵をほぐし、砂糖、牛乳、ヨモギペーストと順にホイッパーで混ぜる。粉とベーキングパウダーを一緒にふるい入れ、熱い溶かしバターを混ぜる。最後に甘納豆をさっくり混ぜる。マフィン型に8分目まで生地を入れ180度で25分焼く。

桑の実ジャム

ヨモギの和風マフィン

クロアチア風
モンブラン

クロアチアの深い森は、
秋になると栗拾いの人々が集まる。
高級店でも家庭でも
モンブランのスタイルは同じ。
大きなグラスにシンプルな味の栗を
たっぷり盛る。本物の秋の恵みだ。

材料（3人分）

- ◆茹でて剝いた栗の中身…150g
- ◆上白糖……15g
  〈栗の甘さで調節する〉
- ◆水……20～30cc
- ◆ラム酒……小さじ1

ホイップクリーム

- ◆生クリーム……100cc
- ◆砂糖……小さじ2と1/2
- ◆ラム酒……小さじ1/2

作り方

1 栗は茹でて中身をスプーンでとる。栗と砂糖と水を小鍋に入れ、火にかけ練りながら軽く煮る。甘さと少し固めに水分を調節したらラム酒を入れる。ラップに包み、冷ます。

2 1を粗いザルに通し、パラパラにする。生クリームに砂糖と酒を入れ泡立てる。

3 グラスに2の栗をふんわり盛り、その上にホイップクリームを星口金で絞る。

クルミの
クリスマスリース

師走には、冬の贈り物にいろいろなリースケーキを焼く。西洋では木の実は子孫繁栄のシンボル。クリスマスだけでなく、お正月にも最適なクルミの深い味のケーキ。飾りも楽しんで。

材料
（直径15㎝エンゼル型1台分）

- ◆ クルミ…80g〈軽く焼いて粗刻みする〉
- ◆ 無塩バター……90g〈軟らかいクリーム状〉
- ◆ グラニュー糖…90g〈2等分する〉
- ◆ 卵…2個〈卵白と卵黄に分ける〉
- ◆ 粉末コーヒー…小さじ1と1/2〈小さじ1/2の水で溶く〉
- ◆ 薄力粉…100g〈ベーキングパウダー・シナモン各小さじ1/2を入れ、一緒に振るう〉
- ◆ ラム酒……大さじ1
- ◆ 上飾り用クルミ……適量
- ◆ 上飾り用粉糖……適量

作り方

1 型に分量外のバターをぬる。ボウルにバターを入れ、グラニュー糖の1/2、卵黄、コーヒー液、ラム酒と順に入れながら泡立てる。

2 卵白と残りのグラニュー糖でふんわりした8分立てメレンゲに泡立て、1に軽く混ぜる。

3 ここに粉類を入れさっくり全体を合わせ、刻みクルミを混ぜる。型に生地を入れ、上に飾りクルミを埋め、180度のオーブンで30分。粗熱をとって型から出し、粉糖を振る。

クロアチア風モンブラン

クルミのクリスマスリース

おわりに

道草が教えてくれたこと

植物の旬を主に記しましたが、実は私は最盛期を過ぎた道草も大好き。冬は寒風に凍えながら生きているタンポポのロゼット葉やフキノトウも小さな新芽を少し出す。クレソンは冷たい水に小さな若芽を生み、木々も沈黙して寒さに耐えています。遠い春を迎えるために。せっかちな私にその時を静かに待つということ、春の来ない冬はないことを教えてくれる。熊野の浮島の森を長く管理した友人は「植物は偉いんやで。お日さまの光をみんなで譲り合い、分け合って葉を広げる。人も見習わなくては」が、口癖でした。

ところで文中の「相棒」とは、山野のお宝探しの相棒である私の主人のこと。写真家である主人とは、自然物の写真撮影や料理の材料探しで、お互い都合の良い相手です。相棒は「走り屋」で、車でどこまで行くのも厭わない。おまけに二人とも動体視力が優れ、相棒は高速道を運転しながらでも道脇のタラの芽を発見できるし、私も走る車の窓ごしに林の中にきのこの群生を見つけることもたびたびです。

相棒のリタイアでできた時間で、まだ日本に少ない天然きのこ料理の撮影を始めました。野生きのこは傷《いた》みやすいため、書籍化するには、きのこ採《と》り、カメラマン、料理人と、プロがそろって初めて実現します。数年かかって撮影が一段落し、次に手がけたのが以前出版した『道草料理入門』の進化本、つまり本作でした。今は山菜は摘みにくいけれど、スーパーで手軽に入手でき、郊外の産直所や道の駅で山積みで売られる時代になりました。

＊

ある日、友人の加藤睦《むつみ》さんと何気ない世間話をしました。長い付き合いで、本音を話せる大切な友人です。ちなみに、彼女のご主人は歴史作家の中村彰彦氏。

睦さんが「最近、行者ニンニクみたいな変わった野菜がスーパーで出回っているけど、使い方がわからない」と言った。料理教室でもよくその話が出るので、「山菜や野草を今風に、手軽に使えるレシピをまとめたの」と原稿の話をすると、編集者のお嬢さんの加藤摩耶子さんに伝わりザックリと企画化。本作が生まれた次第です。不思議なご縁です。

文中に子供や孫たちが多く登場するのは、やはり小さい子供たちは摘み草や収穫が大好きで、生き生きとするから。それに、執筆中には野草に関わった人々とのふれあいが次々と浮かんで思い出にふけることもたびたびでした。

最後に、私どもの自然観に真正面に向き合っていただいた、晶文社の江坂祐輔さんに心から感謝申し上げます。睦さん、摩耶子さん、一緒に道草遊びにお付き合いいただいた多くの方々、本当にありがとうございました。

フキノトウの原野

著者について

大海勝子

だいかい・かつこ

1951年生まれ。出版社勤務を経て料理研究家へ。
東京郊外の東久留米市に在住。年の半分は八ヶ岳の別荘で
草摘み生活を送る。自宅で料理教室をひらいており、
特注のアイランド式システムキッチンは料理ファン羨望のひと品。
料理研究家として活躍するかたわら、食に関するエッセイ、レシピ本を
多数刊行している。主な著作に『道草料理入門——野山は自然の菜園だ』
（文化出版局）、『四季を楽しむ週末スローライフ』、
『摘みたてハーブレシピ——香りある暮らし』
（いずれも講談社）など。

撮影者について

大海秀典

だいかい・ひでのり

1948年生まれ。出版社に40年勤務し、
写真部部長を務めた。退職後の現在も
カメラマンとして活躍しており、
ストックフォト検索サイト「アフロ」等に、
植物などの写真素材を提供している。
主著に『詳細図鑑 きのこの見分け方』（講談社）。

都会《とかい》暮《ぐ》らしから始《はじ》める
道草料理《みちくさりょうり》術《じゅつ》

2019年2月25日　初版

著者／大海勝子

発行者／株式会社晶文社
東京都千代田区神田神保町1-11　〒101-0051
電話：03-3518-4940（代表）・4942（編集）
URL：http://www.shobunsha.co.jp

印刷・製本／ベクトル印刷株式会社

ISBN978-4-7949-7077-0
Printed in Japan